Ravensburger Freizeit-Taschenbücher
Band 222

Elsbeth S. Woody

Ravensburger Töpferbibliothek

# AUFBAUKERAMIK

Otto Maier Verlag Ravensburg

Originalverlag: Straus & Giroux, Inc., New York
Die deutsche Erstausgabe erschien unter dem Titel
»Das Aufbauen keramischer Formen« im Hörnemann Verlag
(ISBN 3-87384-463-X)

Übersetzung: Lotte Borgers
Umschlaggestaltung: Werner Fichtner, Stuttgart,
unter Verwendung eines Modells von Marianne Pape
Satz: Fotosatz Ruderer, Grünkraut
Druck und Verarbeitung: Ebner Ulm
Printed in Germany

89 88 87 86 85 5 4 3 2 1

ISBN 3-473-43222-9

# Notiz

Bei den Vorbereitungen für dieses Buch habe ich viel Hilfe und Unterstützung gefunden. Meine größte Wertschätzung gilt den Künstlern, die mir in aller Großzügigkeit ihre Zeit und ihre Kenntnisse zur Verfügung stellten und mir ihre gefühlsmäßige Einstellung zu ihrer Arbeit offen darlegten. So habe ich nicht nur eine Menge über Keramik hinzugelernt, sondern auch neue Freunde gefunden.

Gleichermaßen wichtig wurde für dieses Buch Penny Hood Hoagland, deren Hände uns auf den Arbeitsfotos durch den ersten Teil des Buches begleiten. Ihre Geduld war ohne Ende und ihre Erfahrung als Töpferin unschätzbar.

Mein Dank gilt ebenso Tom und Madeline Lewis, die meine schriftstellerische Karriere in Gang setzten und mir unzählige Male Mut und Hilfe gaben.

Meiner Freundin und Kollegin, Professor Virginia Smith, danke ich für manchen guten Ratschlag hinsichtlich dieses Buches.

Julie Terestmann besaß die Freundlichkeit, Dutzende von Filmen zum Entwickeln hin- und herzutransportieren.

Mein Dank richtet sich auch an Pat Strachan für die wiederholte hilfreiche Lenkung durch den komplizierten Prozeß bis zum Erscheinen dieses Buches.

Aber meine tiefste Dankesschuld gilt meinem Mann, nicht nur für seine Hilfe als Herausgeber, sondern ganz besonders für den geistigen Rückhalt, den er mir gab. Ohne ihn hätte ich dieses Buch weder begonnen noch vollendet.

E.S.W.

# Inhalt

# Grundsätzliches über Ton und Techniken

# Technische Daten über den Ton

## Das Wesen des Tons

Ton, eins der am häufigsten vertretenen Minerale, ist aus magmatischem Gestein durch einen geologischen Verwitterungsprozeß vor Jahrmillionen entstanden. Sobald wir Ton einem ausreichend hohen Hitzegrad aussetzen, verwandeln wir ihn aufs neue in eine gesteinsartige harte Materie von außergewöhnlicher Dauerhaftigkeit, oftmals wasserdicht und selbst gegen Säuren widerstandsfähig.

Da Ton überall aufzufinden ist – an Flüssen und Seen, auch direkt unter der Erdoberfläche –, ernährt er eine riesenhafte Industrie, die sich mit seinem Ausbau, seiner Verwertung, Aufarbeitung und Absatz beschäftigt. Aus Ton hergestellte Gebrauchsgegenstände gehören zu unserem Alltag, oft ohne daß wir Notiz davon nehmen. Nicht nur Künstler und Kunsthandwerker nutzen den Ton; der weitaus größte Teil der von der Industrie gewonnenen Tonmengen geht in die Gebrauchskeramik, vom Blumentopf bis zu Baukeramik im Badezimmer.

Wer richtig mit Ton arbeiten und ihn in den Griff bekommen will, sollte zumindest seine Haupteigenschaften, die damit verbundenen Wissenshintergründe sowie einige Fachausdrücke kennenlernen.

Chemisch gesehen ist Ton ein hydratisiertes Aluminiumsilikat, das heißt, er setzt sich aus Tonerde ($Al_2O_3$) und Kieselsäure ($SiO_2$) zusammen, mit einem Anteil von chemisch gebundenem Wasser. Kein Ton jedoch befindet sich in der Praxis in diesem chemisch reinen Zustand. Alle Tonsorten weisen erhebliche Unterschiede auf, einmal aufgrund der chemischen Varianten im Muttergestein, zum anderen wegen der – vom chemischen Standpunkt aus gesehenen – Unreinheiten, die der Ton auf seinem Weg vom Ursprungsgestein beim Transport durch Wind, Wasser oder Gletscher aufgenommen hat.

Unter dem Mikroskop macht sich die Form eines Tonteilchens flach und sechseckig aus. Diese Teilchen haften aneinander, schieben sich aber gleichzeitig übereinander, sobald genügend Wasser zwischen die Teilchen gerät. Die Größe dieser Teilchen ist aus verschiedenen Gründen sehr unterschiedlich. Einmal mag es mit verschiedenen Verwitterungsgraden zusammenhängen; dann aber mag es im Laufe des Transports auch zu einer Lagerung verschieden großer Teilchen an den verstreutesten Stellen gekommen sein; schließlich kann der Transport selbst die Teilchen immer feiner zermahlen haben.

Für den Töpfer ist dies insofern von Bedeutung, als er über eine große Auswahl von Tonsorten verfügen kann. Diese Tone unterscheiden sich sowohl in Farbtönung und Teilchengröße als auch in den entsprechenden Brenntemperaturen. Einige Tone sind weiß, andere lederbraun, rot oder auch grau. Der Unterschied in den Farbtönungen geht auf die im Ton enthaltenen verschiedenen Metalle zurück. Wegen der variablen Teilchengröße unterscheiden sich die Tone auch hinsichtlich Textur, Plastizität (je kleiner die Teilchen, desto plastischer der Ton) und Schwindungsgrad. Außerdem garen und verschmelzen die Tonteilchen bei verschiedenen Hitzegraden, und folglich brauchen einige Tone höhere Brenntemperaturen, um hart und dauerhaft zu werden, als andere.

**Die Auswahl einer Tonmasse**

Jeder Töpfer muß sich einen Ton suchen, der seinen Ansprüchen genügt. Wenn auch nicht undenkbar, so ist es dennoch sehr schwierig, einen Ton zu finden, der – ohne jede Abwandlung – allen Ansprüchen gerecht wird. Deshalb wählen die meisten Töpfer eine bestimmte Tonmasse aus, also ein Gemisch verschiedener Tonsorten, die den einzelnen Erfordernissen hinsichtlich Schmelzgrad, Farbtönung, Textur, Schwindung und Plastizität Rechnung tragen.

Die Zusammenstellung einer solchen Tonmasse ist eine Wissenschaft für sich und sollte nicht ohne gründliche Kenntnisse über die zur Verfügung stehenden Rohstoffe wie auch eine genaue Prüfung der eigenen Arbeitsziele geschehen. Viele Töpfer halten sich, wenn sie ein Tonmassenrezept brauchen, an die allgemein bekannten, lieferbaren Materialien und experimentieren damit. Als Anfänger sollte man einen erfahrenen Töpfer um Rat fragen und nicht gleich eine Bestellung beim Großhändler aufgeben. Die dort erhältlichen Tonmassen sind meist von Keramikingenieuren zusammengestellt worden; diese Tonmassenformeln beruhen nicht immer auf praktischer Erfahrung. Am besten ist es, wenn technisches Ingenieurwissen und praktische Töpfererfahrung Hand in Hand gehen.

Jedes Masserezept sollte erst einmal gründlich ausprobiert werden, ehe man eine größere Tonmenge davon ansetzt. Zu diesen Proben gehören ein Schwindungstest, ein Absorptionstest und ein praktischer Gebrauchstest, und zwar unter den Bedingungen, die für die eigene Werkstatt gültig sind. Die Auswahl einer Tonmasse ist eine höchst persönliche Angelegenheit; was dem einen Töpfer nicht behagt, paßt gut für den anderen.

Der Töpfer kann sich die Tonmasse selbst mischen oder im fertig aufbereiteten Zustand kaufen. Im Handel sind fertig bereitete Massen meist in jeder Menge erhältlich, von wenigen Kilo bis zu mehreren Tonnen.

Da der Ton mit dem Altern nur besser wird (das Lagern erhöht die Plastizität) und da er sich, sorgfältig abgedeckt, auch über Monate feucht hält, sollte man nicht nur für den unmittelbaren Gebrauch einkaufen, denn auf Wunsch produziert der Lieferant auch eine bestimmte Tonmasse nach persönlichen Angaben; in solch einem Fall wird man aber mit einer größeren Bestellung rechnen müssen.

### Brennphasen

Sobald ein Gefäß völlig trocken geworden ist, kann es in den Brennofen gesetzt und gebrannt werden.

Der Hitze ausgesetzt, geschieht mit allen Tonen eine radikale Umwandlung, sowohl in physikalischer als auch in chemischer Hinsicht. Sie durchlaufen verschiedene Wandlungsphasen, deren wichtigste der Verlust atmosphärischer Feuchtigkeit bei 100 °C und die Abgabe chemisch gebundenen Wassers bei 316 °C sind. Der Ausstoß des chemisch gebundenen Wassers ist die erste Hauptstufe der chemischen Umwandlung und unwiderruflich. Eine Umwandlung des Quarzes ($SiO_2$) und die Verwandlung aller Tonbestandteile in Oxidform finden statt, wenn das Gefäß in die letzte Phase des Brandes eintritt, in der die *Sinterung*, die Verglasung, beginnt. Sinterung bedeutet, daß gewisse Bestandteile des Tons schmelzen und im Ton eine kristalline Struktur bilden. Hierdurch kommen Härte und Dauerhaftigkeit des gebrannten Tons zustande. Eine radikal durchgeführte Verglasung würde das Stück zu einer Schmelze zusammensinken lassen.

Eine Tonmasse ist dann gar und fertig gebrannt, wenn die Verglasung Härte und Dauerhaftigkeit in genügendem Ausmaß hergestellt hat, bei Steinzeug und Porzellan muß sie bis zur Wasserdichtigkeit und Säureunempfindlichkeit gehen. Wie bereits erwähnt, garen und schmelzen alle Tonmassen bei unterschiedlichen Temperaturen, und es ist daher wichtig, daß man bei der Wahl einer Tonmasse auch diesen Faktor berücksichtigt.

### Brandführung

Die Führung des Brandes muß alle obengenannten Punkte in Erwägung ziehen. Atmosphärische Feuchtigkeit und chemisch gebundenes Wasser entweichen in Form von Dampf. Da die Kraft des Dampfes Explosionsgefahr mit sich bringt, das Gefäß also sprengen könnte, muß der

Brandablauf zu diesem Zeitpunkt verlangsamt werden. Je nach der komplexen Bauart, der Dicke des Gefäßes und auch der Dichtigkeit der Tonmasse braucht das Gefäß ca. drei bis fünf Stunden, bis es auf 538 °C kommt. Sehr dicke, skulpturartige Stücke müssen in diesem Anfangsstadium noch langsamer gebrannt werden. Zum Zeitpunkt der Oxidierung aller Bestandteile bei 870 °C ist es wichtig, daß genügend Sauerstoff in der Brennkammer vorhanden ist. Die Verglasung sollte also langsam und gleichmäßig durch den ganzen Ofen verteilt stattfinden, weil in dieser Phase die Brennschwindung vor sich geht. Entsprechend der Gefäßbeschaffenheit, der Tonmassenstruktur und der Brenntemperatur erfordert ein Brand einen Zeitraum von sechs bis zu vierundzwanzig Stunden. Sobald die endgültige Temperatur erreicht ist, werden alle Ofenöffnungen verschlossen, damit der Abkühlungsprozeß möglichst langsam vonstatten geht. Als Faustregel kann gelten, daß der Abkühlungsvorgang zumindest genauso lange dauert wie das Hochbrennen. Man sollte das Brenngut nicht eher aus dem Ofen nehmen, bis man es mit bloßen Händen anfassen kann.
Es gilt noch zwischen einem Schrühbrand und einem Glasur- bzw. Glatt- oder Garbrand zu unterscheiden. Wenn die Ware eine Glasur erhalten soll, wird sie von den meisten Töpfern zunächst geschrüht, das heißt, sie wird bis kurz vor den Punkt, wo die Verglasung beginnt, vorgebrannt. So bleibt das Gefäß zwar noch porös und absorptionsfähig, ist aber bereits so hart, daß man es beim Glasieren mühelos handhaben kann. Nach dem Glasieren wird dann das Stück bis zum eigentlichen Sintern und Garen von Ton und Glasur ein zweites Mal hochgebrannt.

**Glasuren**

Eine Glasur wird von Daniel Rhodes als »ein auf einem keramischen Körper gezielt angebrachter, geschmolzener Glasmantel« bezeichnet. Dieser Glasmantel besteht aus einem Gemisch fein zu Pulver gemahlener Minerale, die nach einem Rezept sorgfältig ausgewogen und mit Wasser aufgeschlämmt auf dem Stück angebracht werden, wo sie sich durch die Hitze mit dem Scherben verbinden. Glasieren bedeutet also: Aufstellen eines Glasurrezeptes, Mischen der Glasur, Anbringen der Glasur und schließlich Aufbrennen der Glasur. Am schwierigsten ist dabei die Aufstellung der Glasurformel. Als Töpfer erwirbt man sich ein solches Glasurrezept entweder durch gründliche Kenntnisse der Glasurrohstoffe oder durch Experimentieren damit oder durch Übernahme aus Büchern, Magazinen bzw. von

Freunden. Ein Glasurrezept muß immer sorgfältig durchgetestet und den eigenen Bedürfnissen angepaßt werden. Dabei spielt der Schmelzbereich einer Glasur eine große Rolle, denn dieser kann sehr eng sein. Eine Glasur, die bei 1232 °C sehr schön ausfällt, kann bei 1249 °C bereits ins Ablaufen geraten.

Jedes Gefäß verlangt ein auf seine Verhältnisse angepaßtes Glasieren, trotzdem lassen sich vier Grundarten des Glasierens aufzählen: Tauchen des Gefäßes in die Glasur, Übergießen mit der Glasur, Aufpinseln und Ansprühen der Glasur. Obwohl sich Glasuren auch auf grüne Ware auftragen lassen, bevorzugen die meisten Töpfer einen vorbereitenden Schrühbrand. Glasuren können matt oder glänzend, transparent oder deckend sein und außerdem alle möglichen Farbtöne zeigen. Ferner sind spezielle Glasureffekte wie Räuchern, Lüsterbildung, Salzglasieren, Raku-Brennen usw. zu nennen, die das Repertoire des Glasierens bereichern können.

## Unterscheidung der Tonwaren nach dem Brennbereich

Alle Tonwaren gehören bestimmten Gruppen an, die nach dem jeweiligen Brennbereich bezeichnet werden. *Irdenware* wird um 1000 °C gebrannt; *Steinzeug* bis ca. 1260 °C; *Porzellan* ist jene weiße, durchscheinende Ware, die über 1260 °C hochgebrannt wird. Alle drei Gruppen verlangen jeweils besonders zusammengestellte Tonmassen und Glasuren. Die drei Gruppen sind ihrem Wesen und Anschauen nach, aber auch was Härte und Dauerhaftigkeit betrifft, sehr verschieden. Gefäße aus Irdenware sind meist noch porös, das heißt wasserabsorbierend, und Irdenwareglasuren haben für gewöhnlich, allerdings nicht immer, leuchtende und glänzende Farben. Steinzeug ist meist wasserundurchlässig und säureunempfindlich; es ist auch viel härter als Irdenware. Steinzeugglasuren zeigen gedämpftere Farbtöne, die Verschmelzung von Scherben und Glasur indessen ist viel weiter fortgeschritten, so daß die Glasur nur selten abblättert. Porzellan hat als Grundstoff eine weiße, hochverglaste Tonmasse; in besonders verfeinerten Formen wird es durchscheinend.

## Gemeinsames und Grundsätzliches beim Ton

Obwohl es viele verschiedene Tone gibt, haben sie alle, wenn auch in relativem Maße, vier Grundeigenschaften gemeinsam. Diese Charakteristika sind von großer Bedeutung, weil sich von ihnen die wesentlichen Arbeitsregeln ableiten lassen. Sie sind geradezu die »Maximen« des Töpfers.

1. *Ton ist plastisch, solange er feucht genug ist.* Ohne seine Kohäsion zu verlieren, läßt sich Ton drücken und strecken, im Gegensatz etwa zu feuchtem Sand. Das verdanken wir der Flächigkeit der Tonplättchen. Wie bereits erwähnt, haften die Plättchen aneinander, aber sie gleiten auch übereinander wie vergleichsweise Glasscheiben, zwischen denen sich Wasser befindet. Das Ausmaß an Plastizität wird von der Teilchengröße bestimmt (je kleiner die Teilchen, um so plastischer der Ton), auch vom Anteil kohlenstoffhaltiger Stoffe in der Masse (der mit Altern des Tons wächst), ferner von der Oberflächenspannung des Wassers (je kälter und härter das Wasser, um so plastischer der Ton), und schließlich spielt sogar die elektrische Ladung gewisser Tonpartikelchen eine Rolle.

2. *Ton schwindet, zunächst beim Trocknen, dann beim Brennen.* Diese Tatsache sollte dem Töpfer bis ins Unterbewußte dringen. Der Ton schwindet zunächst beim Entweichen des Wassers der Plastizität; seine Teilchen drängen dann enger zusammen. Das bedeutet, daß die Schwindung (wie die Plastizität) von der Teilchengröße und von der Menge mitwirkenden Wassers abhängig ist. Der Ton schwindet dann nochmals beim Brennen während der Verglasung, weil gewisse Bestandteile in der Masse schmelzen und die Struktur verdichten.
Die Schwindung des Tons hat manches zur Folge und ist für den Aufbau-Töpfer von größter Bedeutung. Bei der Beschreibung der einzelnen Arbeitstechniken wird immer wieder hiervon die Rede sein. Man muß die notwendigen Vorsichtsmaßnahmen treffen, aber das ist meist eine Sache des gesunden Menschenverstandes. Zum Beispiel: Tone von stark unterschiedlichem Wassergehalt, physikalischem Aufbau und Verhalten können nicht zusammengefügt werden. Tonwandungen von unterschiedlicher Dicke schwinden in jeweils anderen Zeitspannen, was eventuell Risse verursacht. Nichtschwindende Materialien dürfen nicht als Stützen benutzt werden, und falls solche Materialien wie Schamotte, Fiberglas oder Sand usw. dem Ton beigegeben werden, müssen diese von relativ kleiner Teilchengröße (Korngröße) sein. Beim Trocknen wie beim Brennen sollte man Vorsorge für das Sich-Bewegen des Tons während der Schwindung treffen. So sollte beispielsweise der Boden eines Gefäßes nicht an einer Unterlagenplatte oder dergleichen festhaften.
Man kann eine Schicht Schamotte oder auch ein Tuch unter sehr große Stücke bringen, um auf diese Weise die Bewegung des Tons zu unterstützen. Formen, die eine Unterlage oder das Re-

galbrett an mehr als nur einer Stelle berühren, sind am besten auf eine Platte aus Ton zu stellen, die den gleichen Schwindungsgrad wie das Gefäß hat. Auf solche Weise kann man die auf das Gefäß ausgeübte Spannung vermindern.

*3. Ton wird beim Trocknen härter.* Plastischem Ton fehlt jede strukturelle Stärke. Formen aus plastischem Ton sind äußerst empfindlich gegen Verzerrungen und müssen deshalb mit großer Sorgfalt behandelt werden. Beim Trocknen aber wird der Ton härter und kräftiger. Lederharter Ton kann bereits sein eigenes Gewicht sehr gut tragen – er sackt weder weg, noch reißt er –, und wenn er erst einmal knochentrocken ist, fühlt er sich hart an wie Holz. Andererseits ist knochentrockner Ton sehr bruchempfindlich, man muß mit den Formen in diesem Stadium sehr behutsam umgehen. Die Eigenschaft des Tons, beim Trocknen zu härten, wird vom Töpfer, und vor allem vom Töpfer, der handgebaute Formen herstellt, voll und ganz ausgenutzt. Große Formen, sowohl als Formen, die nach außen gehen, ferner auch Formen mit jäh sich wandelnden Kurven, können in Stufen aufgebaut werden. Man läßt die untere antrocknen und fester werden, ehe man sie oben mit weiterem Gewicht belastet; nur so kann man sie vor dem Zusammensacken bewahren. Das verfeinernde Ausarbeiten einer Form findet im lederharten Zustand statt, weil dann der Ton im ganzen kräftiger geworden ist, um so mehr nimmt seine Plastizität ab.

*4. Ton sintert, sobald er hohen Brenntemperaturen ausgesetzt wird.* Er wird hart und dauerhaft – bei Steinzeug und Porzellan wasserundurchlässig und säureunempfindlich –, falls er genug Brennhitze erhält. Die Umwandlung ist total; die Form erlebt im Feuer sozusagen eine Wiedergeburt.

# Werkzeug und Arbeitsraum

Ein wesentlicher Vorzug des Töpferns in Handbautechnik ist, daß zum Formen der Stücke nur eine geringe Anzahl sehr einfacher Werkzeuge benötigt wird (1). (Die Ziffern in Klammern beziehen sich auf die Abbildungen.) Fast alles Werkzeug dürfte in jedem Haushalt zu finden sein.
Eine 2 cm dicke Sperrholzplatte, wie sie zum Beispiel der Schiffsbau verwendet, überzogen mit dicker Leinwand oder auch einfach mit einem alten Bettlaken, das fest darüber gezogen oder geleimt wird, genügt als Arbeitsfläche. Als Standgerüst dafür dient ein kräftiger Tisch, so daß man den Ton darauf walken und schlagen kann. Ein paar weitere Sperrholzplatten ähnlicher Art und von verschiedener Größe zum Aufbau der Stücke, einige nicht zu dicke Tücher, ein stumpfes Messer, eine Gabel, ein Pinsel, ein Stück gezwirnter Draht mit Knebeln oder Knöpfen an beiden Enden, das ist alles, was man zu Anfang braucht.
Um den Ton feucht zu halten, be-

*1 Werkzeug zur Tonbearbeitung*

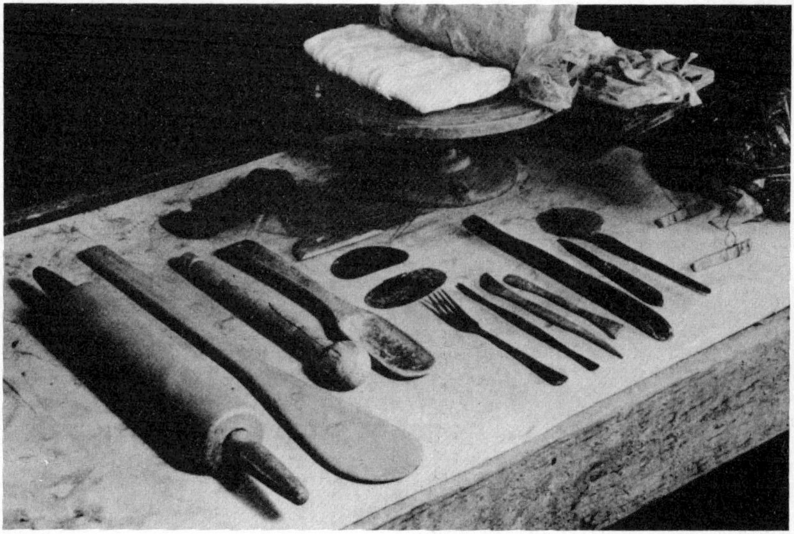

nötigt man dünne Plastikfolien. Als Werkzeug zum Saubermachen reichen ein Schaber, ein Frottierhandtuch und ein Schwamm aus.
Bestimmte Techniken verlangen weitere Werkzeuge, zum Beispiel ein Nudelholz, Holzpflöcke und grobes Käseleinen. Biegsame Metallschienen, hölzerne Schienen und Modellierwerkzeuge sind für alle Aufbautechniken brauchbar; diese Werkzeuge sind allerdings meist nur im Fachhandel erhältlich. Die Metallschienen gibt es in vielerlei ovalen und halbmondartigen Formen, entweder mit glattem Rand oder gezahnt. Sie eignen sich für Kratz- und Schabearbeiten auf der Tonoberfläche. Die Modellierwerkzeuge sind aus Holz, dünn und länglich; auch diese gibt es in zahlreichen Ausführungen und Größen. Man kann sie vielseitig verwenden – etwa zum Texturieren des Tons, aber auch zum Glätten; sie lassen sich auch als Verlängerung für die Finger benutzen, zum Bearbeiten unerreichbarer Stellen. Eine Ränderscheibe kommt gut zustatten, ist aber nicht unbedingt notwendig. Ich selbst habe jahrelang ohne eine solche gearbeitet, doch als ich dann eine hatte, konnte ich sie nicht mehr entbehren.
Paddel sind allerdings Werkzeug, ohne das ich nicht auskommen kann. Diese Paddel oder Klopfer sollten aus Holz gemacht sein, damit der Ton nicht daran kleben bleibt, und einiges Gewicht haben. Ich selbst habe Paddel in verschiedenen Größen – flache, mit geschmirgelten Rändern, andere wiederum sind abgerundet. Jedes dient seinem bestimmten Zweck. Sie sind im Fachhandel erhältlich; meine eigenen habe ich aber selbst hergestellt oder zweckentfremdet, wie zum Beispiel einen Baseball-Schläger für Kinder, Holzlöffel, Stopfpilze usw. Man braucht sie für das Formen, für die Oberflächenbehandlung und für das Zusammenfügen von Tonteilen.
Für schwierige Arbeiten benötigt man eventuell zusätzliches Werkzeug wie etwa Wasserwaage und Stampfer. Selbstverständlich hat jeder Keramiker auch sein eigenes spezielles, unentbehrliches Werkzeug, das man kaum irgendwo im Fachhandel vorfindet.
Fast jede Räumlichkeit läßt sich in ein kleines Studio umwandeln. Ich habe schon erlebt, wie im Wohnzimmer oder in der Küche gearbeitet wurde, aber ein Kellerraum oder eine Garage bieten bessere Möglichkeiten.
Obwohl die Handbautechnik weniger Durcheinander schafft als das Arbeiten an der Drehscheibe, macht auch hier der Staub Schwierigkeiten. Jedenfalls sollte man genügend Raum zur Verfügung haben, damit man bequem arbeiten kann, Raum für Regale, für die Tonbehälter und -abfälle und außerdem eine 10 cm

dicke Gipsplatte, auf der man den Ton trocknen und walken kann. Ein Ausguß bzw. Abwaschbecken wäre vorteilhaft, ist aber nicht unbedingt notwendig. Der Arbeitsraum muß im Winter warm bleiben. Feuchte Töpfe frieren fest, wenn die Temperatur unter 0 °C sinkt, und beim Auftauen brechen sie zusammen. Tonbatzen, die Frost bekommen und dann wieder auftauen, sind an der Außenseite meist sehr feucht, im Inneren aber hart gefroren.

Das Formen ist beim Aufbautöpfern nur einer von vielen Arbeitsgängen. Es müssen auch Möglichkeiten für das Glasieren und Brennen vorhanden sein, damit die fertige Form ihr endgültiges Aussehen erhält.

Die jeweiligen Bedürfnisse ändern sich mit der Zeit und auch mit der jeweils anfallenden Arbeit. Studio-Töpfereien mit der Produktion von kleineren Gegenständen müssen anders angelegt sein als solche, die architektonisch große und skulpturale Stücke herstellen. Jeder Keramiker muß sich sein eigenes passendes Milieu schaffen, und zwar meist nur durch Experimentieren und Lernen.

# Das Aufbereiten des Tons

## Mischen und Wiederverwenden

Wie ich bereits erwähnte, ist es von Bedeutung, daß man sich einen passenden, auf die eigenen Bedürfnisse zugeschnittenen Ton auswählt. Entweder kann man die Tonmasse fix und fertig, zur brauchbaren Konsistenz aufbereitet (und manchmal sogar vakuumiert – entlüftet –) kaufen, oder man mischt das Pulver eigenhändig zurecht, indem man die verschiedenen Massebestandteile sorgfältig abwiegt und dann das Gemisch mit Wasser aufschlämmt. Die meisten Tonpulver benötigen zum Aufschlämmen etwa 25 % bis 30 % ihres Trockengewichts an Wasser, aber wenn man in oben beschriebener Weise vorgeht, sollte man dem Trockenmaterial mindestens 40 % Wasser zugeben.

Wenn sich der Ton dann über Nacht gesetzt hat, kann man ihn auf der Gipsplatte zur brauchbaren Konsistenz antrocknen lassen (siehe ab Seite 83 über Gipsformen-Herstellung). Das Mischen von Ton ist ein mühsames, staubiges Unternehmen. Falls große Tonmengen benötigt werden, sollte man sich einen Tonmischer anschaffen oder fertig aufbereiteten Ton kaufen.

Man muß auch beachten, daß frisch gemischter Ton meist recht kurz ist, das heißt wenig Plastizität besitzt. Deshalb sollte man die Tonmasse vor Gebrauch mindestens eine Woche lang ruhen lassen; je länger sie ruhen kann, desto plastischer wird sie.

Ist die Tonmasse zu hart geworden, kann man sie auf zweierlei Weise neu aufbereiten. Falls sie nur etwas angetrocknet ist, schlage ich sie einfach in ein klatschnasses Handtuch und wickele beides anschließend in Plastik; das Ganze lasse ich über Nacht einweichen. Der Ton absorbiert meist genügend Feuchtigkeit aus dem Tuch und wird wieder geschmeidig.

Wenn der Ton aber völlig trocken geworden ist, muß man ihn in Wasser aufweichen und neu einsumpfen, was in einer niedrigen, breiten Wanne schneller vor sich geht als etwa in einem tiefen, schmalen Eimer. Man nimmt anschließend den Tonschlicker heraus und trocknet ihn auf der Gipsplatte, bis er die richtige Konsistenz hat. Gelegentliches Umwenden begünstigt ein gleichmäßigeres Trocknen des Tons. Wenn man die feuchte Masse in Tonhäufchen aufteilt, trocknen diese um so schneller.

**Kneten**

Wie auch immer der Ton aufbereitet sein mag, ein gründliches Kneten und Walken ist unerläßlich. Nur so läßt sich erreichen, daß der ganze Tonbatzen durch und durch homogen ist; mit anderen Worten, alle Bestandteile einschließlich des Wassers müssen gleichmäßig verteilt und alle Luftblasen beseitigt werden. Das Kneten kann auf verschiedene Weise geschehen. Für den Anfänger genügt das einfache *Klötzen*. Man nimmt eine Handvoll Ton, reißt diesen mit einer Drehbewegung auseinander und schlägt ihn wieder zusammen, und zwar so lange, bis der Ton sich, was seinen Feuchtigkeitsgehalt betrifft, überall gleichmäßig anfühlt (2).

Das *Spiralkneten* ist die eigentlich fachmännische und höchst wirksame Walkmethode. Sie besteht aus zwei ineinandergreifenden Bewegungen. Die linke Hand führt in kreisender Bewegung den Ton, während die rechte Hand die Masse knetet. Beide Bewegungen müssen rasch geschehen, vierzig- bis hundertmal hintereinander, je nach der Beschaffenheit des Tons. Diese Walkmethode erlernt sich nicht ganz leicht, aber sie ist allen anderen weit überlegen. Um die Tätigkeit der Hände zu begreifen, beginnt man am besten mit einem Endprodukt des Spiralknetens – einem auf der Spitze stehenden Tonkegel (3).

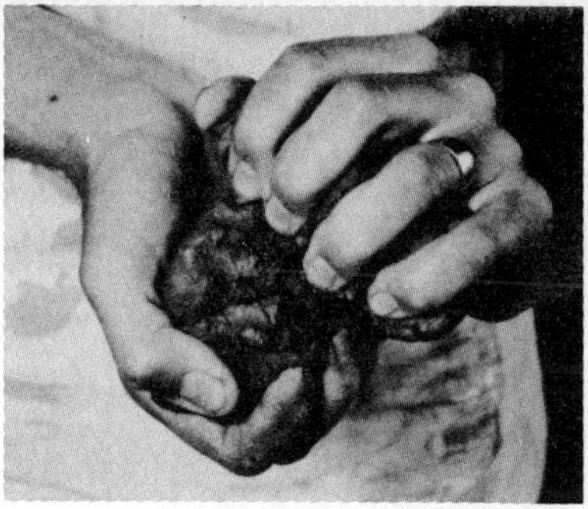

*2*

Die linke, leicht gewölbte Handfläche ruht auf dem Kegelboden und verharrt so beim ganzen Walkvorgang, während die rechte Hand seitwärts am Kegel, jedoch an der Kante des Bodens plaziert wird.

Bei jeder ineinandergreifenden Bewegung der linken und rechten Hand wird der Kegel auf seiner Spitze gedreht.

Zu Beginn staucht man den Ton in eine grobe Kegelform und legt diese auf die Seite, die Kegelspitze dem Körper zugewandt. Nun wird die leicht gewölbte linke Hand auf die Bodenpartie gelegt (4); dann der Kegel in spiralartiger, uhrzeigermäßiger Bewegung mit der Linken auf die Spitze gestellt (5); jetzt legt man die rechte Hand seitwärts an den Kegel, Daumen und Zeigefinger dabei entlang des Bodenrandes (6); die linke Hand dreht nun gegen die Uhrzeigerrichtung um ein Viertel den Kegel zurück, ohne ihn dabei loszulassen (7), wäh-

3

2–10 *Die Phasen der Tonaufbereitung*

4

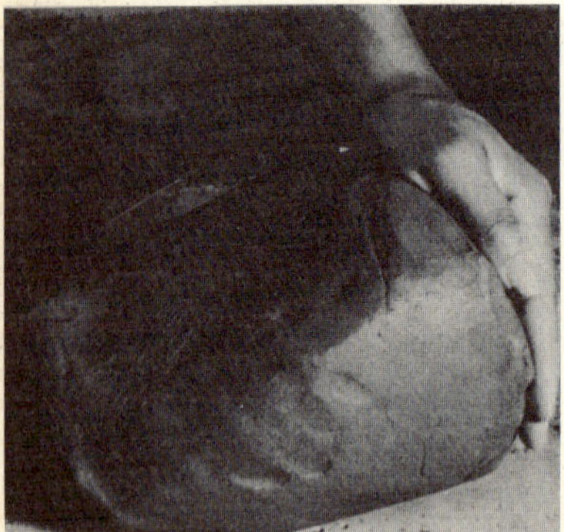

5

renddessen die rechte mit dem Handballen nach unten preßt, wobei von hinten her etwas Ton zusammengefaltet wird (8, 9). Die Linke hält mittlerweile den Ton, ohne Druck auszuüben, und kann folglich den Ton in spiralartiger Uhrzeigerbewegung anheben (10); die Rechte setzt hinter dem eben noch verursachten Eindruck des Handballens erneut seitwärts am Kegel, jedoch entlang der Bodenkante an; die linke Hand macht also die ständige Drehbewegung, und die rechte Hand preßt mit dem Handballen

6

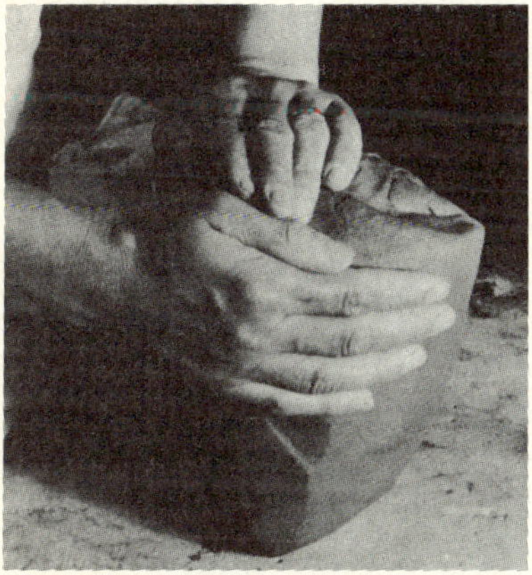

7

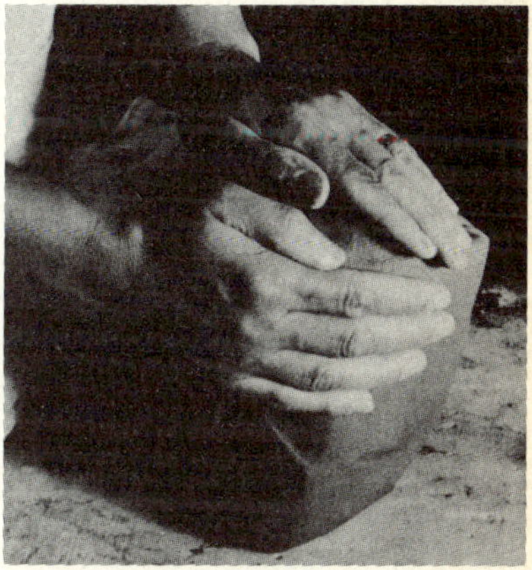

8

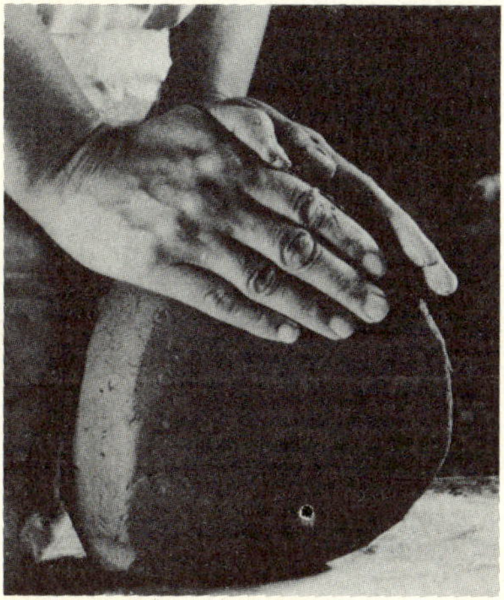

9

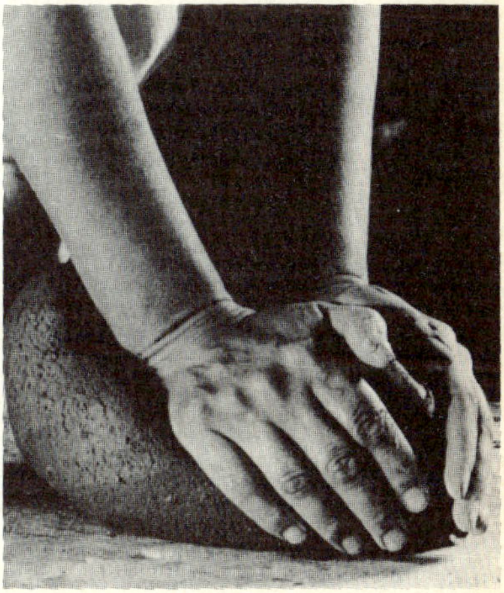

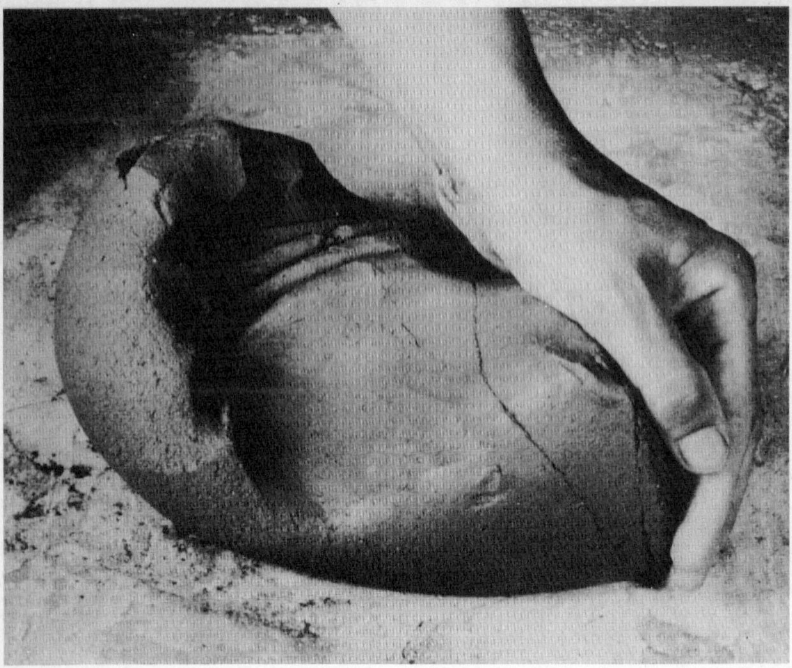

*10*

nieder. Und das wiederholt sich von Mal zu Mal.
Der Ton sollte dabei eine zungenartige Form annehmen (10) mit einem sichtbaren Muster der Falten, einem deutlichen Handballenabdruck und einer leichten Spur der linken Hand. Beide Hände haben völlig verschiedene Aufgaben auszuführen. Die linke läßt den Ton kreisen, hebt ihn der rechten Hand entgegen und führt ihn gewissermaßen, während die rechte Hand den Ton niederpreßt. Die Drehbewegung erfolgt im Augenblick des Tonanhebens; Niederpressen muß man geradewegs ohne Drehen.
Es ist wichtig, daß beim Kneten nicht nur die Hände, sondern der ganze Körper mit einbezogen sind. Beide Füße sollten dabei fest aufstehen, so daß man sich in einer wiegenden Bewegung vor und zurück stößt, das ganze Körpergewicht also zum Niederpressen einsetzen kann.
Die Knetfläche, auf der man arbeitet, sollte etwas niedriger als normale Tischhöhe sein, etwa in Höhe der Handgelenke liegen; sie sollte auch feuchtigkeitsab-

sorbierend sein. Ton von richtiger Konsistenz wird am besten auf Holz- oder Asbestplatten geknetet; bei sehr feuchtem Ton nimmt man eine Gipsplatte. Es läßt sich kaum sagen, wann der Ton genug gewalkt worden ist – die Zeitspanne dafür hängt völlig von der Beschaffenheit des Tons ab. Sobald sich die Masse dicht und fest strukturiert anfühlt, ist sie ausreichend gewalkt. Das Niederpressen muß nun langsam nachlassen, während die anderen Bewegungen nach wie vor ablaufen. Auf diese Weise kommt eine Kegelform zustande. Den Boden des Kegels ruckt man ein wenig auf der Platte hin und her, damit er eine glatte, leicht konvexe Basis erhält.

**Brauchbarkeit des Tons für die Arbeit**

Wann der Ton für die Arbeit die richtige Konsistenz gewonnen hat, läßt sich nur schwer beschreiben. Normalerweise arbeiten wir mit Ton im plastischen Zustand. Plastizität ist jedoch ein relativer Begriff. Im allgemeinen dürfte ein Ton, der nicht an den Händen kleben bleibt oder als Wulst beim Biegen keine großen Risse zeigt (11), für die meisten Arbeitstechniken richtig beschaffen sein. (Kleine Oberflächenrisse spielen keine Rolle.) Man muß allerdings darauf hinweisen, daß jede Arbeitstechnik eine besondere Tonkonsistenz verlangt; außerdem haben die meisten Töpfer individuelle Vorstellungen, wie die Konsistenz beschaffen sein muß.

*11 Prüfen der Brauchbarkeit des Tons*

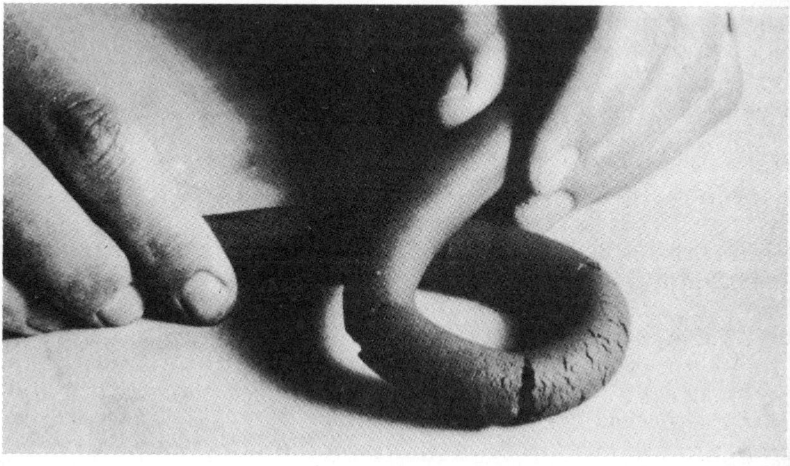

# Prinzipien der Formgebung

Ehe ich im einzelnen die verschiedenen Handbautechniken darstelle, möchte ich bestimmte Aspekte hervorheben, die all diesen Techniken gemeinsam sind. Es handelt sich in erster Linie dabei um die Tatsache und deren Folgen, daß Ton beim Trocknen schwindet und daß er hart wird. Als Wesentliches kommt hinzu, daß diese Techniken auf einer bestimmten Vorstellung beruhen: Wenn man an keramische Formen denkt, denkt man fast immer an Hohlformen. Der Grund hierfür ist einmal das Gewicht des Tons, aber auch die Tatsache, daß sich innerhalb dicker Tonmassen Feuchtigkeit fängt, wodurch das Gefäß beim Brand platzen kann. Wenn die geplante Form nur mit einem kompakten Tonkörper zu verwirklichen ist, sollte man selbst die kleinste Form jeweils durchbohren, damit die Feuchtigkeit entweichen kann.

**Verfugen**

Bei den meisten Arbeiten mit Ton muß man irgendwann einmal zwei Stücke aneinandersetzen mittels Verfugen. Die richtige Art und Weise des Verfugens ist ungeheuer wichtig, weil die Anschlußstellen während der Trocken- und Brennschwindung einem besonderen Spannungsdruck ausgesetzt sind.

Alle Verfugungsmöglichkeiten hier im einzelnen aufzuführen, wäre sehr schwierig und würde nur Verwirrung stiften. Ich beschränke mich deshalb auf einige allgemeine Regeln, die für alle Situationen gelten: 1. die verschiedenen Arten des Verfugens; 2. die Konsistenz des Tons beim Verfugen; 3. weitere Faktoren, die bei jedem Verfugen berücksichtigt werden wollen: Anschlußzonen, Paddelgebrauch und ein richtiges »timing«.

**Verfugungsarten: Stumpf-Aneinander und Überlappen**

Um zwei Stücke aus Ton auf sichere Art miteinander zu verbinden, muß Ton von dem einen Stück auf das andere übertragen werden. Ganz einfach erreicht man dies durch zusammenfügendes Überlappen (12). Im Falle eines Stumpf-Aufeinanderstoßens jedoch, wenn also beide Kanten sich direkt treffen, ohne zu überlappen, läßt sich das Druckverschmieren von einer Seite auf die andere nicht ohne weiteres durchführen, falls man nicht die eine Seite schwächen will. Hier

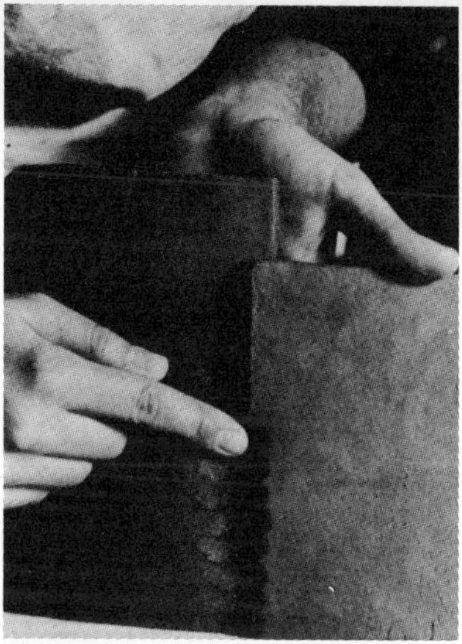

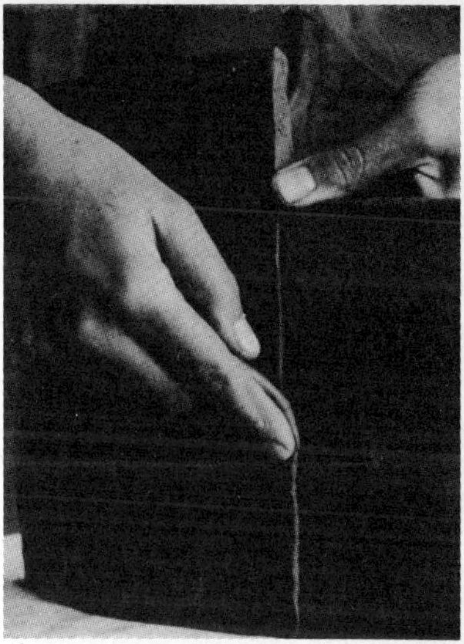

12 *Das Verfugen von Tonstücken* 13

muß dann ein Wulst über die Anschlußstelle verarbeitet werden (13). Dieser Wulst haftet an beiden Stückseiten und bildet ein sicheres Bindeglied.
Überlappte Stücke sind im allgemeinen kräftiger als stumpf aneinandergesetzte. Sobald aber ein Verbindungswulst mit Druck als Verfugung verwendet wird, hält auch ein solches Plattengefüge allerhand aus. Der Wulst wird beim Ansetzen fest in die Fuge eingedrückt, wobei sich der Zeigefinger in kleinen Druckstufen an der Naht entlangbewegt (13). Mit der anderen Hand wird von außen am Tongefüge Gegendruck ausgeübt.
Stumpfe Fugung erfolgt immer dann, wenn zwei Enden aufeinanderstoßen, anstatt sich zu überlappen; jedoch auch dann, wenn ein Ende, wie bei einer Kastenform, seitwärts an eine Platte stößt bzw. wenn ein Seitenstück auf einer Bodenplatte steht.

*Tonkonsistenz beim Verfugen*
Da der Ton beim Trocknen schwindet, muß man den Feuchtigkeitsgehalt der zu montierenden Stücke berücksichtigen.
Sobald *plastischer* Ton mit anderem *plastischen* Ton verbunden wird, braucht man kein Wasser oder dergleichen als Bindemittel, da plastische Tonstücke ohne weitere Schwierigkeiten aneinander haften.

Wenn man jedoch ein *plastisches* Tonstück mit *lederhartem* Ton verbinden will oder vergleichsweise *lederharten* Ton mit anderem *lederharten*, müssen besondere Vorsichtsmaßnahmen getroffen und die Verbindungsstükke angerauht und verschlickert

14

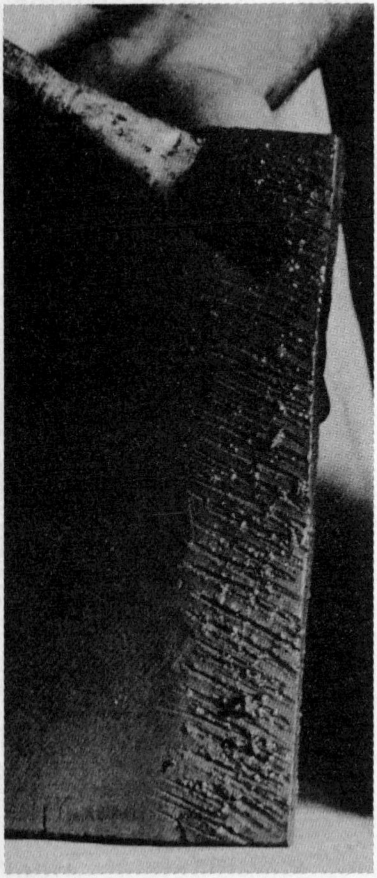

werden. In der Berührungszone wird der lederharte Ton mit Gabel, Messer oder Kamm im rechten Winkel zur Naht angerauht und anschließend mit Schlicker bepinselt bzw. mit Wasser angefeuchtet (14).

Das Anrauhen oder Ankratzen bewirkt zweierlei: 1. kann auf diese Weise Wasser eindringen, und 2. wird hierdurch das Verbindungsstück mit dem angerauhten besser verbunden und haltbarer; beide bilden eine solidere Verbindung.

»Anrauhen und Verschlickern« sollte *immer dann* vorgenommen werden, wenn plastischer Ton mit lederhartem in Berührung kommt, aber auch *immer dann*, wenn lederharter mit anderem lederharten Ton verbunden wird. Im letzteren Fall müssen beide Stücke angerauht und zumindest eines davon verschlikkert werden. Die Methode des Anrauhens und Verschlickerns ist für stumpffugiges wie auch für überlappendes Verfugen anwendbar, ferner für Anschlußzonen, wo eine Fuge durch plastischen Ton verstärkt werden soll (15).

Ab und zu lasse ich eine Ausnahme von der »Immer-Dann«-Regel gelten: Ich vermeide Anrauhen und Verschlickern, sobald das Aussehen meiner Form darunter leidet. Wenn bei einer Stumpffuge beispielsweise der Schlicker nach außen gequetscht wird und eventuell ein Muster

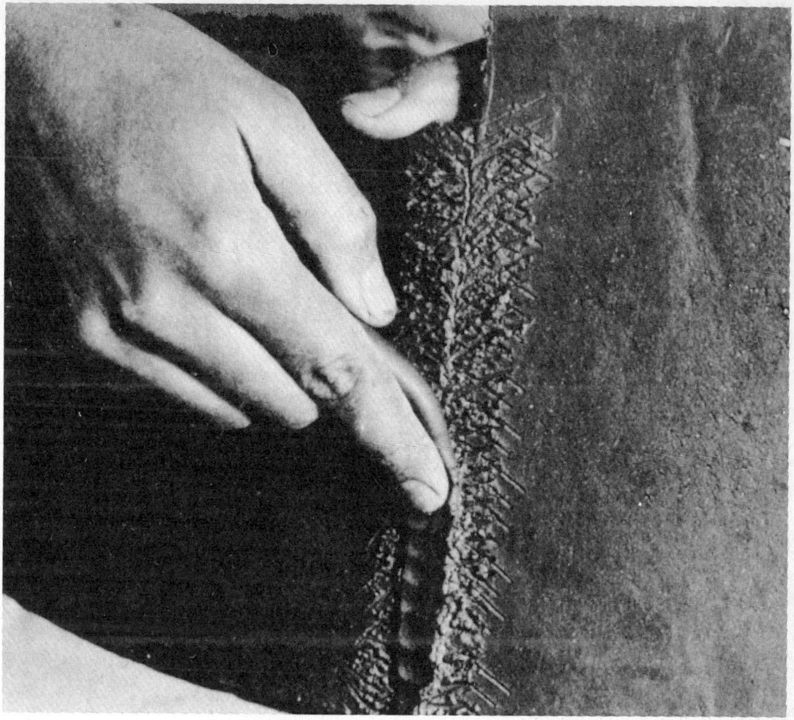

*15*

beeinträchtigt, wende ich diese Methode nur bei den Innenseiten an, an der Stelle, wo die plastische Zusatzverstärkung den lederharten Ton berührt.

Beim Überlappen brauche ich gelegentlich Anrauhen und Verschlickern nur an einem Teil der Überlappung, damit der Schlikker nicht nach außen gequetscht wird.

Sobald ich aber eine Ausnahme von der Regel mache, führe ich mir immer vor Augen, welches Risiko ich dabei eingehe.

Manchmal lasse ich auch beim Zusammensetzen von plastischem Ton auf plastischem Ton die »kein Wasser«-Regel außer acht. Wenn ich zum Beispiel kleine plastische Stückchen auf ein größeres plastisches Stück heften will, feuchte ich die Stückchen an, damit sie besser haften (16).

Die Regeln für das Verfugen und Zusammensetzen sind also recht einfach. Eine Stumpffuge muß man mit plastischem Ton verstärken; eine Überlapp-Fuge wird von einem Stück zum anderen verstrichen. Lederharter Ton wird immer dann, wenn er mit plastischem in Berührung kommt, durch Anrauhen und Verschlickern behandelt; das gilt natürlich auch, wenn lederharter Ton auf anderen lederharten trifft.

*Allgemeine Regeln für das Verfugen*

Außer diesen einfachen Grundregeln für das Verfugen ergeben sich noch andere allgemeingültige Verfahrensgesetze. Am wichtigsten sind die Regeln, die sich auf die Berührungszone zwischen den beiden zu verfugenden Stücken beziehen.

Metall läßt sich zum Beispiel durch wenige punktuelle Haftstellen zusammenhalten; bei Ton ist dieses jedoch nicht möglich. Je größer hier die gesamte Berührungszone ist, um so besser für den Zusammenhalt. Um die Berührungszone zu vergrößern, lassen sich folgende Maßnahmen treffen: 1. Die gesamte Nahtstelle muß abgesichert werden, nicht

*16 Anheften von Tonkügelchen*

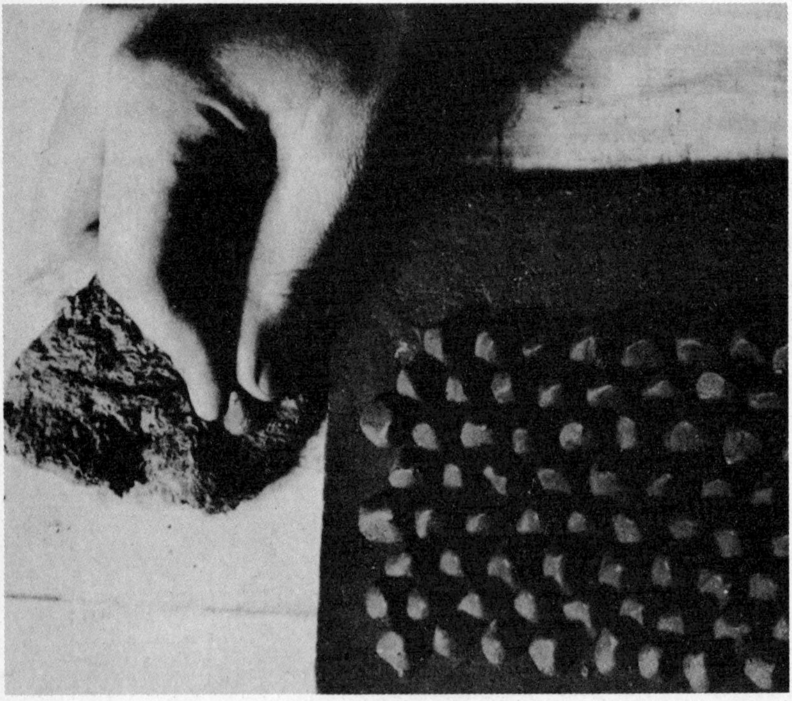

nur Teile davon. 2. Man kann die Plattenränder vor dem Verfugen im Winkel anschneiden, besonders im lederharten Zustand (17), dieses verbessert die Kontaktfläche ganz wesentlich. 3. In der stumpf aneinandergepreßten Fuge kann eine Furche eingegraben werden, in die der Verstärkungswulst hineingedrückt wird (18). Ähnlich wichtig wie die Größe der Kontaktfläche ist die Frage, ob die beiden Verbindungsstücke kräftig miteinander verbunden worden sind; es muß nämlich al-

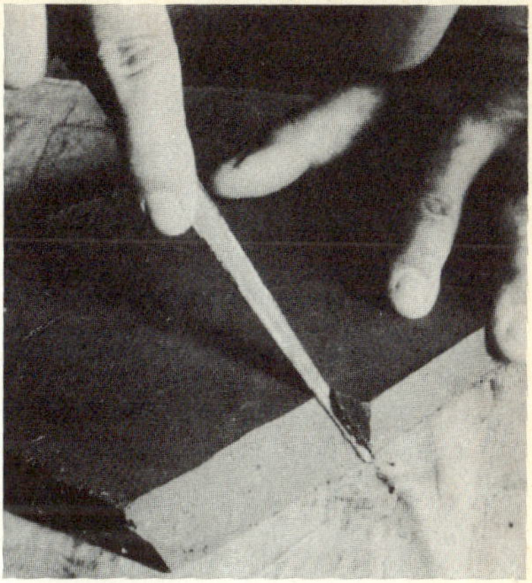

*17 Vergrößern der Stoßoberfläche*

*18 Verstärkungswulst*

les durch starken Druck zusammengefügt werden.

Was jede Art Fuge immer und überall außerordentlich verfestigt und kräftig macht, ist das Bearbeiten mit dem Paddel. Ich meine damit das behutsame, aber zielsichere und eindringliche Klopfen der Fugenkanten oder eingepreßten Wülste mit einem hölzernen Werkzeug. Dieses »Paddeln« drängt die Verbindungsstellen enger zusammen und drückt den Ton verstärkend in die Nahtstellen (19). Außerdem werden die Tonpartikelchen in eine Richtung gebracht, was die Fuge immens kräftigt.

Besonders betonen möchte ich noch, daß es vollauf genügt, wenn man eine Fuge nur einseitig verstärkt, entweder innen oder außen. Die nicht verschmierte Seite kann aus dekorativen Gründen so belassen bleiben oder auch ganz mit zusätzlichem Ton weggearbeitet, geklopft und geglättet werden (20). Manche Töpfer benutzen sogar ein Spezialwerkzeug, um alle Spuren der Fugen zu beseitigen (siehe Seite 165 und 166; Abb. 180).

Festes Zusammendrücken der Teile, eine möglichst große Kontaktfläche der Kanten, Fugenverstärkung, sorgsames Aufrauhen

*19 Versäubern der Nahtstelle*

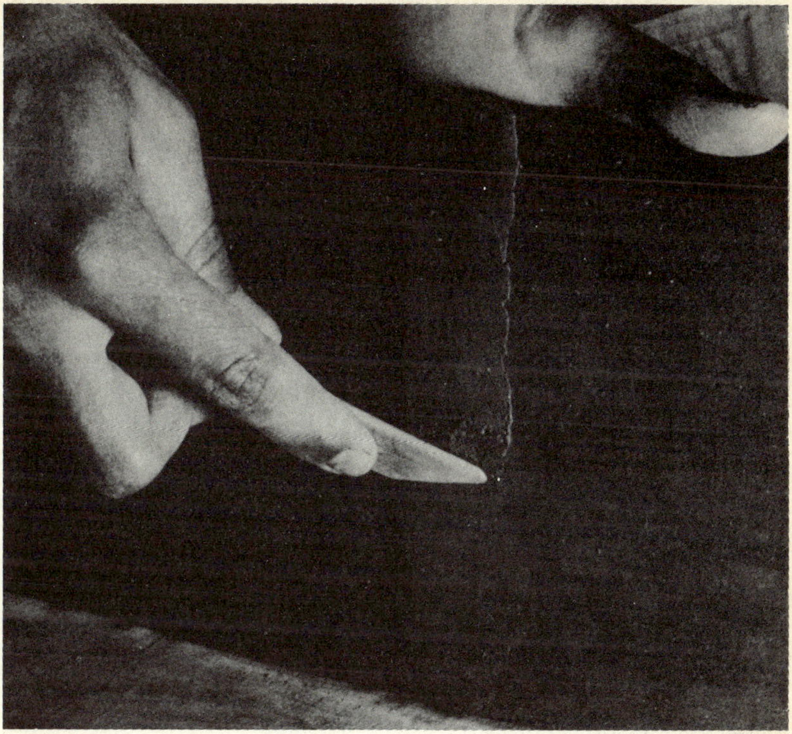

*20*

und Verschlickern und nicht zuletzt geschicktes Klopfen mit dem Paddel – das alles zusammen sollte die meisten Verfugungen haltbar machen. Voraussetzung für ein Gelingen ist allerdings immer der richtige Zeitpunkt, das heißt, die Arbeit muß durchgeführt werden, wenn der Ton die entsprechende Konsistenz besitzt. Während plastischer mit plastischem, plastischer mit lederhartem und lederharter mit lederhartem Ton verfugt werden kann, gelingt es *niemals,* Teile aus plastischem oder lederhartem Ton mit knochentrockenem zusammenzubringen. Als Regel sollte man sich einprägen, daß ein Ton, der sich mit normalem Fingerdruck nicht einpressen läßt, auch nicht mehr mit Ton von anderer Konsistenz dauerhaft verfugt werden kann.

Mit anderen Worten heißt das: Je härter der Ton ist, um so gefährdeter ist die Fuge. Und nicht zu vergessen, je unterschiedlicher

die Feuchtigkeit der zu verfugenden Teile ist, um so größer ist die Gefahr von Rißbildung aufgrund der verschiedenen Schwindungsraten der einzelnen Stücke.
Aber es kann passieren, daß selbst bei genauer Beachtung aller obengenannten Faktoren ein Stück trotzdem im Bereich der Fugen reißt. Das mag die Folge zu schnellen Trocknens sein, ungleich dicker Wände, von Formen mit zu großer Spannung und anderem mehr.
Die Fuge ist und bleibt bei einem Stück immer der schwache Punkt, und man kann ihr gar nicht genug Aufmerksamkeit und Sorgfalt schenken.

**Wandungsdicke**

Wie dick die Wandung einer Keramik sein sollte, darüber läßt sich kaum eine feste Regel aufstellen. Die Wandungsdicke wird einerseits von der Tonmasse bestimmt, andererseits vom »Erscheinungsbild« der Form und von der Größe des Stückes.
Für Stücke mit dicker Wandung empfiehlt sich Ton, der Schamotte enthält. Schamottehaltiger Ton wird auch als *offene* Masse bezeichnet. Schamotte ist bereits gebrannter und dann zu feinen Teilchen zermahlener Ton. Innerhalb der Wandung bilden sich rund um die Schamottestückchen, sobald der Ton trocknet, winzige Risse, weil die Schamotte ja nicht schwindet, wohl aber der sie umgebende Ton. Durch die Minimalrisse kann aus dem Wandinneren die Feuchtigkeit entweichen.
Daß die Wandstärke das Erscheinungsbild einer Keramik beeinflußt, ist offensichtlich. Zartes Aussehen wird selten durch eine dicke Wandung erreicht.
Je größer ein Stück ist, desto dikker muß auch die Wandung sein, obwohl die Dicke der Wand nicht unbedingt im gleichen Verhältnis mit der Größe des Stückes wachsen muß. Bei einem Stück von Durchschnittsgröße (30 bis 45 cm Höhe) dürfte die Wandung etwa von 1 cm bis 1,3 cm dick ausfallen, während bei einem ca. 2,50 m großen Stück die Wandung 1,5 bis 2,5 cm dick sein könnte. Andererseits habe ich schon aus Tonplatten gefertigte Stücke gesehen, die fast so dünn waren wie Leder; ich persönlich wiederum habe an Keramiken gearbeitet, deren Wände an die 5 cm dick waren.
Ungeachtet der Frage, wie dick eine Wandung sein kann, sollte sie jedenfalls im ganzen Stück möglichst gleichmäßig ausfallen. Hier handelt es sich natürlich um eine Idealvorstellung, an die man sich aber stets halten sollte und meist auch halten kann. Sobald man es mit komplexeren, skulpturalen Formen zu tun hat, wird auch das Problem der Wandstärke schwieriger. Will man an einem Stück die Dicke der Wandung unterschiedlich gestalten, muß man nicht nur die struktu-

rellen Folgen in Erwägung ziehen, das heißt die Gewichtsveränderung, sondern auch die Tatsache, daß dickere Wände langsamer trocknen und deshalb die Schwindung in den einzelnen Partien verschieden wird.
Was diese strukturellen Spannungen betrifft, so gestalte ich selbst manchmal bewußt die Wände dort dünner, wo die Form nach außen vorspringt, um auf diese Weise den durch die Ausbauchung verursachten Spannungsdruck möglichst zu vermindern. Wenn ich andererseits die obere Zone eines Stückes dikker arbeiten muß, verstärke ich die untere Partie mit Tonstreifen, die ich im Gefäßinneren vertikal von oben nach unten laufen lasse.
Ein sorgfältiger und langsamer Trockenprozeß kann verhindern, daß ein Stück durch ungleichmäßiges Trocknen in Gefahr gerät; ähnlich verringert auch ein langsamer Übergang von dünn zu dick die Spannung, die durch einen ungleichmäßigen Schwindungsverlauf auftreten muß.
Mit der Zeit entwickelt jeder Töpfer ein Gefühl dafür, wie dick eine Wandung sein muß; gleichermaßen bildet sich dann auch ein Urteilsvermögen, in welchem Fall und bis zu was für einem Ausmaß er die Regel einer »gleichmäßigen Wandungsdikke« durchbrechen kann.

## Das Arbeiten in Phasen

Kleine Gefäße oder Formen lassen sich oft in einem einzigen Arbeitsgang herstellen, zahlreiche andere Formen jedoch müssen in Phasen aufgebaut werden, damit sie nicht gleich absacken oder unter ihrem Gewicht zusammenbrechen. Mit anderen Worten, man kann eine Form nur bis zu einer gewissen Höhe aufbauen; dann muß man warten, bis sie etwa lederhart ist, entsprechend dem Prinzip: Ton wird hart, sobald er trocknet.
Regeln darüber, wie weit – bis zu welcher Höhe – man mit dem Aufbauen in einem Arbeitsgang vorgehen kann, gibt es nicht. Sehr viel hängt von der Struktur der Form ab, die man aufzubauen beabsichtigt. Da Ton eine starke Druckdichte besitzt – in senkrechter Form vermag er sein Gewicht sehr gut zu tragen –, läßt sich eine zylindrische Form von 20 bis 25 cm Durchmesser gefahrlos 30 bis 45 cm hoch aufbauen, ohne daß sie zusammenbricht. Will man eine größere Höhe erzielen, muß man die Bodenpartie einigermaßen antrocknen lassen, ehe man weiterbaut. Zylindrische Formen von mehr als 25 cm Durchmesser lassen sich in einer Arbeitsphase nicht bis zu dieser Höhe aufrichten.
Formen mit jäh wechselndem Durchmesser wie Kugelformen oder von der Vertikalen wegstrebende Formen (21; die weißen Bänder kennzeichnen die Auf-

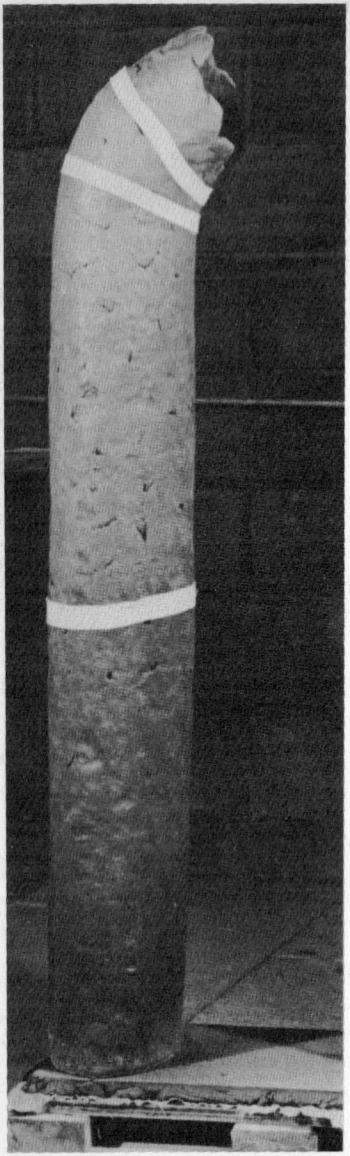

*21 Aufbau einer größeren Form*

bauphasen) müssen oft in mehreren Phasen gebaut werden, damit sie an den kritischen Punkten in kurzen Abständen steifen können.

Das Arbeitstempo wird hierbei vom Verlauf des Trocknens bestimmt, ferner von der benutzten Tonsorte und von der Wandungsdicke (siehe Seite 40 ff über das Trocknen).

Damit der Ton am obersten Teil des Arbeitsstückes feucht bleiben kann, ferner um einen gradweisen Übergang vom lederharten zum plastischen Ton abzusichern, decke ich bei Arbeitspausen den Rand mit Plastik ab (22). Auf diese Weise gehe ich sicher, daß zwischen den verschiedenen Arbeitsabschnitten keine Risse entstehen. Zusätzlich beginne ich beim Weitermachen mit Anrauhen und Verschlickern.

Bei sehr großen Stücken achte ich darauf, daß Gefäßkörper und Oberfläche jeder Partie einer Arbeitsphase völlig ausgearbeitet sind, ehe ich weiter fortschreite. Oft genug lassen sich wichtige Änderungen später nur noch mit Mühe durchführen, weil der Ton bereits zu hart geworden ist, das Gewicht von oben ein Entfernen von Ton unten nicht mehr erlaubt oder gelegentlich die Bodenpartie überhaupt nicht mehr erreichbar ist. Jede Arbeitspartie wird von mir gepaddelt, ehe ich weitermache (siehe auch Seite 91 bis 95 und 187).

*22 Feuchthalten des oberen Randes*

Um eine ungleichmäßige Schwindung zu vermeiden, muß man darauf achten, daß – solange man oben noch an der Arbeit ist – der Boden unten nicht völlig austrocknet. Sobald der Boden also lederhart geworden ist, sollte man ihn die ganze Zeit mit Plastik abgedeckt halten.

Wenn das Stück zusammenzubrechen droht, muß man rechtzeitig mit der Arbeit aufhören – aber das ist ein schwieriger Lernprozeß. Leider stellt sich das richtige Gefühl für das rechtzeitige Aufhören erst nach vielen Fehlversuchen ein.

**Abstützen**

Für Tischler, Schlosser und Steinmetze muß Ton als Rohmaterial so weich erscheinen wie etwa Faser- oder Fibermaterial, aber Ton ist kräftiger, als man allgemein denkt. Wie bereits erwähnt, lassen sich zylindrische Formen bis zu 35 cm Höhe in einem Arbeitsgang aufbauen, ohne zusammenzubrechen. Und sobald der Ton antrocknet, wird er immer kräftiger, bis er im gebrannten Zustand eine enorme strukturelle Stärke besitzt.

Allerdings müssen wir Töpfer zugestehen, daß auch Ton manches Mal Unterstützung braucht. Bestimmte Formen können sich im plastischen Zustand ohne Stützen nicht halten; andere Formen wiederum erfordern während des ganzen Arbeitsprozesses – also beim Aufbauen, Trocknen und Brennen – Abstützung. Ob man nun behelfsmäßige Stützen oder dauerhafte Fertigstützen benutzt, immer muß man als Töpfer die Schwindung des Tons berücksichtigen. Daher ist das beste Material für Stützen oft der Ton selbst, auch wenn man ihn in großen, kompakten Batzen verwenden muß. Denn Stützen aus Ton schwinden im gleichen Tempo wie das Stück selbst, haben also denselben Bewegungsrhythmus. Werden die Stützen außen angebracht und müssen dort – auch beim Trocknen und Brennen – bleiben, stelle ich das Stück zusammen mit den Stützen auf eine Tonplatte. Beim Schwinden schrumpft das Gefäß, aber auch die Stützen werden durch die mitschwindende Tonplatte nach innen bewegt (23).

Bestimmte Formen, vor allem die großen, verlangen im Inneren eine stützende Struktur, damit sich die Wandung nicht krümmt. Diese strukturelle Abstützung muß gleich zu Beginn mit eingebaut werden. Ein solches Stützgewebe sollte kurvenförmig verlaufen, weil eine Kurvenform sich durch die Biegungen eher den Spannungen widersetzen kann. Ich möchte auch anraten, derartiges

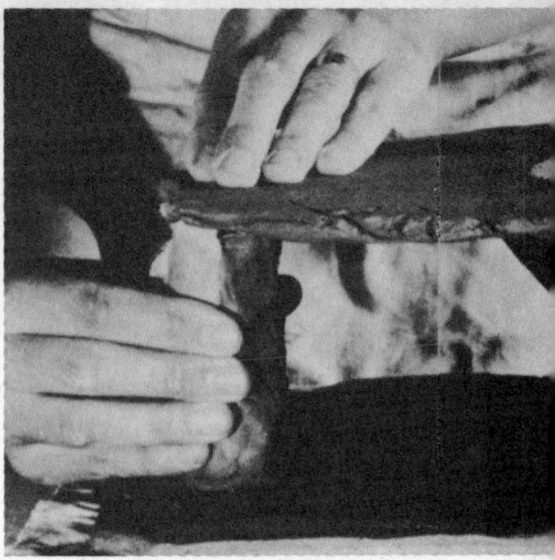

*23 Abstützen der Gefäßränder*

Stützwerk nicht einfach durch stumpfes Verfugen mit der Innenwandung zu verbinden, sondern direkt in diese einzuarbeiten.

Manchmal ist auch anderes Material als Ton für Stützen empfehlenswert. Solange sich das im Aufbau befindliche Gefäß im Übergang vom plastischen zum lederharten Zustand befindet, kann man ungefähr alles als Stütze verwenden, wenn nur nicht die Schwindung des Tons dadurch behindert wird. Zu diesem Zweck eignen sich besonders Elemente aus Schaumgummi (siehe auch Seite 150; Abb. 156). Stützen, die beim Formen Halt geben sollen, werden auf Seite 75 bis 78 beschrieben.

Da Ton beim Antrocknen steifer wird, ist ein Arbeiten in Phasen empfehlenswerter als Abstützen.

## Klebriger Ton

Feuchter Ton klebt leicht an allem fest. Je feuchter der Ton, um so klebriger ist er auch. Beim Trocknen verliert er diese Eigenschaft. Im plastischen Zustand dürfte der Ton eigentlich schon nicht mehr an den Händen kleben; plastischer Ton haftet jedoch an plastischem, ein für das Verfugen wesentliches und nutzbares Faktum. Plastischer Ton haftet auch an nichtabsorbierendem Material bzw. an Material, das nur wenig saugfähig ist, wie etwa Holz. Je saugfähiger das Material, desto weniger wird auch der Ton haften. Im lederharten Zustand haftet Ton nicht mehr aneinander, deshalb muß er beim Verfugen auch angerauht und verschlickert werden; außerdem haftet er dann nicht mehr an nichtabsorbierenden Stoffen.

Wo die Klebrigkeit des Tons sich als Nachteil erweist, muß man dagegen Vorkehrungen treffen. Zwischen Arbeitstischplatte und Ton bringt man am bestem immer ein Tuch. Ich selbst lege unter jedes Stück, an dem ich arbeite, regelmäßig ein Tuch; meine Platten schlage ich immer auf tuchbedeckten Brettern aus. Einige Keramiker legen auch beim Arbeiten mit dem Paddel ein Tuch zwischen Ton und Werkzeug; manche sogar bei allen Arbeiten am Ton (Seite 151, 152). Wenn ich Tonstützen verwende, lege ich gelegentlich Stoffstücke zwischen Stütze und Gefäß, damit nicht der plastische Ton am lederharten anhaftet. Wegen der Klebrigkeit des Tons sind die meisten Werkzeuge aus Holz. Holz wird jedoch schnell feucht, und dann bleibt der Ton haften.

## Trocknen, Einwickeln und Aufweichen

Über das Trocknen wird selten im einzelnen berichtet, und doch ist schon manches Stück gerade durch unsachgemäßes Trocknen zugrunde gegangen.

Gefäße trocknen von oben nach unten. Ausgenommen beim Gefäßbau in Phasen trocknet der Gefäßboden meist von allen Teilen zuallerletzt.

Das Trocknen des Tons hängt von mehreren Faktoren ab: 1. von der Luftfeuchtigkeit; 2. von der Magerkeit des Tons; 3. von Art und Größe der Form.

Was die Luftfeuchtigkeit betrifft, so können an kalten, trockenen Wintertagen, wenn außerdem noch die Heizung in Betrieb ist, plastische Stücke in wenigen Stunden völlig trocken werden, während an heißen, feuchten Sommertagen manches Stück Stunden braucht, bis es einigermaßen lederhart geworden ist. Hinsichtlich Tonmasse, Gefäßgröße und Typ der Form trocknet ein magerer Ton (ein schamottehaltiger) leichter und schneller als ein fester; trocknen dünne Wandungen rascher als dicke und vorspringende Gefäßteile geschwinder als der übrige Körper.

Man sollte eine Tonarbeit möglichst gleichmäßig als Ganzes trocknen lassen; daher empfiehlt es sich, jene Stellen, die zum rascheren Austrocknen tendieren, mit Plastik abzudecken.

Wie rasch darf ein Stück denn nun trocknen? Das hängt von allerlei Bedingungen ab. Man kann eine Arbeit von durchschnittlicher Größe und ebenmäßiger Wandung ohne Abdeckung trocknen lassen. Zusammengesetzte Stücke, solche mit vorspringenden Teilen, auch die mit unregelmäßig dicker Wandung,

*24 Feuchthalten*

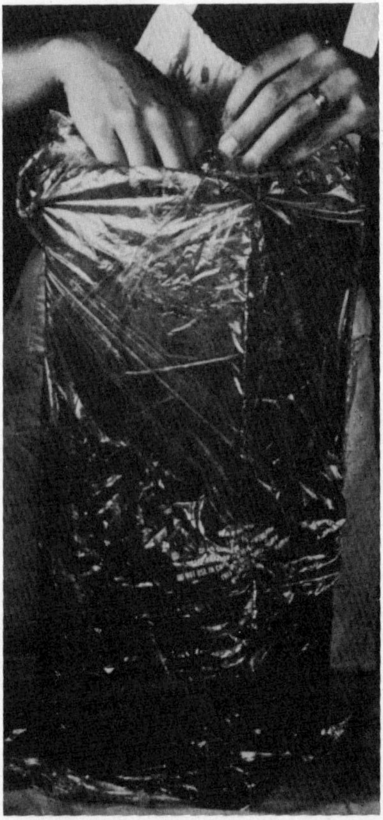

ferner Stücke mit Verstärkung an der Innenwand und dergleichen mehr sollte man äußerst langsam trocknen, und zwar von innen nach außen. Dies läßt sich erreichen, wenn man das Stück dicht in dünne Plastikfolie einwickelt, bis der Ton überall einen gleichmäßigen Trockenzustand zeigt. Es ist gut, wenn man dabei ab und zu die Plastikhaut abnimmt und das Kondenswasser abschüttelt. Sobald der Ton lederhart geworden ist, braucht man das Stück nur lose abzudecken. Und wenn er dann eine grauweißliche Farbtönung angenommen hat und sich hart wie ein Brett anfühlt, kann man ihn offen stehen lassen. Bei sehr komplexen, schwierigen Stücken sollte man den Trockenvorgang von zwei bis zu vier Wochen – gegebenenfalls noch länger – andauern lassen.

Forciertes Trocknen – zum Beispiel durch Sonnenbestrahlung, unter Glühlampen, auf Heizöfen usw. – muß mit großer Vorsicht und darf eigentlich nur im Notfall geschehen. Bei dieser Methode trocknen die Stücke ungleichmäßig und meist nur an der Oberfläche. Das erzeugt unnötige Spannungen, kann Risse hervorrufen, und oft verziehen sich die Gefäße.

Man hält ein Arbeitsstück feucht und wochenlang in einem bearbeitungsfähigen Zustand, wenn man es sorgfältig ein- und umwickelt. Ich selbst verwende zwei

*25 Aufweichen zu festen Tons*

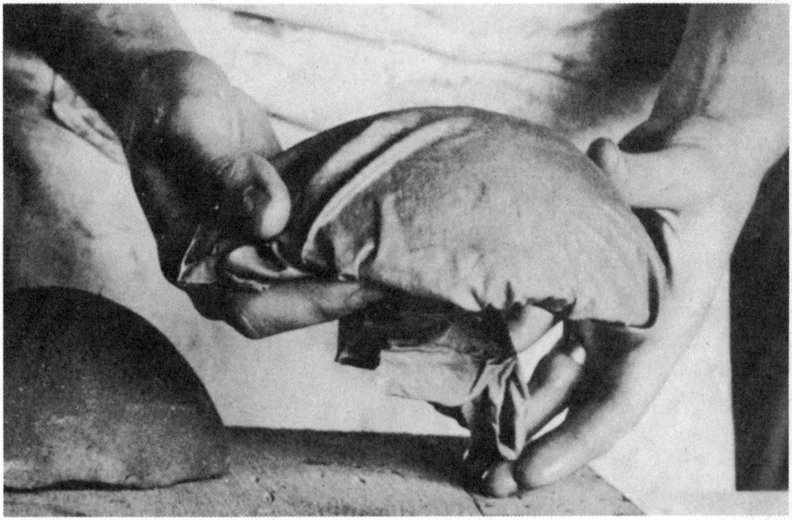

Plastikhüllen, eine sehr dünne und eine zweite, schwerere. Die dünne Hülle besprenge ich mit einem Wasserschleier, so daß sie sich eng wie eine Haut an den Ton schmiegen kann (24). Anschließend wickele ich das Ganze in die dickere Hülle, die ich mit Stecknadeln absichere, wobei ich darauf achten muß, daß nicht durch irgendwelche Öffnungen Feuchtigkeit entweicht.

Zu fest gewordener Ton läßt sich wieder aufweichen, indem man ihn mit einem feuchten (nicht mit einem klatschnassen) Tuch oder einem Papierhandtuch (25) abdeckt und ihn dann in Plastik einwickelt. Ich warte dann zehn bis zwanzig Minuten und decke ihn wieder auf, um nachzuschauen. Dieser Prozeß darf nicht zu lange anhalten, sonst wird die eingedrungene Feuchtigkeit vom Tuch oder Papierhandtuch wieder aufgesogen.

Allerdings eignet sich diese Methode nur für kleinere Stücke bzw. für die Randpartie eines Stückes. Niemals darf man versuchen, eine Gefäßpartie aufzuweichen, die ein beträchtliches Gewicht zu tragen hat. Auch muß man darauf achten, daß kein Wasser an der Wandung herabläuft und sich am Gefäßboden sammelt.

Ton, der sich nicht mehr durch Fingerdruck eindrücken läßt, ist meist zum Aufweichen bereits zu hart geworden.

**Reaktionsempfindlichkeit des Tons**

Das Beglückende und gleichzeitig Entmutigende beim Ton ist seine empfindliche Reaktionsbereitschaft. Kaum hat man ihn berührt, hinterläßt man schon eine Spur. Für den Berufstöpfer, der sich zu disziplinieren weiß, ist dies wie ein Geschenk, aber für den Anfänger bedeutet es oft Frustration. Es ist gar nicht einfach zu lernen, daß man den Ton nur dann berührt, wenn es absolut notwendig erscheint, und sich immer dessen bewußt ist, wie man ihn berühren muß. Der Töpfer entwickelt eine besondere Art, Ton zu berühren. Es ist wie ein Erforschen, Sich-Herantasten, spürendes Sehen, ein festes und doch zugleich sachtes Berühren. Meist sind die Finger leicht gewölbt oder auch gestreckt, jedenfalls voller Straffheit durch und durch. Und es sind nicht die eigentlichen Fingerspitzen, die den Ton berühren, sondern die Fingerkuppen, der Teil des Fingers, wo das empfindlichste Gefühl sitzt.

Diese ganz besondere Art des Berührens kann einem nicht beigebracht werden; man muß es durch Erfahrung lernen, bis es sich von selbst einstellt. Das Aussehen des Tons, die Frische und Druckspannung seiner Oberflächentextur müssen einem bestätigen, ob man den richtigen Zugriff gefunden hat oder nicht.

Aufgrund dieser Reaktionsemp-

findlichkeit des Tons ist es wesentlich, daß beide Hände in Zusammenarbeit wirken, die eine als Stütze der anderen oder als Gegendruck zum Druck der agierenden.
Diese Empfindlichkeit des Tons verlangt vom gestaltenden Töpfer eine gleichwertige Sensibilität gegenüber den Bedürfnissen des Tons. Meisterhafte Stücke sind immer das Ergebnis eines Dialogs zwischen Ton und seinem Gestalter.
Das Verfugen, die Wandungsdikke, das Arbeiten in Phasen, das Abstützen, die Klebrigkeit und Reaktionsempfindlichkeit des Tons, das Trocknen – alles das spielt eine Rolle, wenn man gestaltend mit Ton arbeiten will. Diese allgemeingültigen Regeln wurzeln in der Grundgesetzlichkeit des Tons, von der wir bereits sprachen: nämlich seiner Plastizität und seiner Schwindung wie auch der Härtung beim Trocknen.
Natürlich gestatten diese Regeln manche Ausnahme und Ausweitung. Dies ist teils der Tatsache zu verdanken, daß wir es mit unterschiedlichen Tonmassen von differenzierten Eigenschaften zu tun haben, wie etwa der äußerst unterschiedlichen Schwindung, Plastizität und dergleichen; auch ist mancher Begriff relativ aufzufassen: Lederhart zum Beispiel ist nur als ein Grenzzustand zu begreifen, als ein Mittelding zwischen plastisch und knochentrocken. Und im Lederharten gibt es wiederum viele Gradunterschiede.
Regeln und Grundbegriffe sind nur als Leitlinien zu betrachten. Man muß die Regeln kennen, aber sie sollten keineswegs einengend wirken, sie sollten nur das Bewußtsein wachhalten, daß es Grenzen gibt. Dann aber sei es – bei Kenntnis der Regeln – auch erlaubt, diese mit Bedacht zu brechen.

# Formgebung

Wenn man an keramische Formen denkt, meint man – wie ich bereits sagte – hauptsächlich hohle Formen. Hohlformen lassen sich auf vielfältige Weise herstellen.

Bei der Darstellung der einzelnen Methoden der Formgebung werde ich nicht, wie sonst allgemein üblich, von Unterscheidungen wie Wulsten, Plattentechnik, Quetschmethode oder Einpressen ausgehen, sondern die Methodik anhand ihrer Konstruktionsprinzipien schildern: 1. das Arbeiten aus einem kompakten Tonbatzen; 2. Formgebung mittels Kombination kleiner Aufbaueinheiten; 3. Herstellung eines Stückes aus einer oder mehreren großen Einheiten.

1. Eine Hohlform kann aus einem vollen Tonbatzen hervorgehen, indem man mit dem Daumen oder einem Pflock in die Masse ein Loch drückt und dann durch Hochpressen und Dünnen der Wände von innen nach außen die Form gestaltet. Umgekehrt läßt sich aus dem kompakten Tonbatzen auch erst die Form modellieren, in lederhartem Zustand durchschneiden und dann aushöhlen; auch kann man an der dicksten Stelle einen Pflock durch das Stück treiben. Außerdem lassen sich hohle Röhrenformen aus einem Tonbatzen mit Hilfe eines »Extruders«, einer Art Strangpresse, anfertigen.

2. Eine Form entsteht auch durch das Verarbeiten kleiner *Aufbaueinheiten* miteinander. Diese kleinen Einheiten können aus vielfältigen Einzelgebilden bestehen wie Wülsten, Tonplättchen, Tonbällchen, Tonschnipsel usw. Dabei ist es außerordentlich wichtig, daß sie in der richtigen Technik verbunden werden, damit später keine Risse auftauchen.

3. Eine Form läßt sich ebenfalls aus *großen Einheiten* aufbauen. Hier handelt es sich vorwiegend um Tonplatten, die entweder als Seiten einer Konstruktion dienen oder als raumumfassende selbständige Einheit die ganze Form bilden.

Die Tonplatten können sowohl plastisch als auch lederhart verwendet werden. Im plastischen Zustand lassen sie sich direkt verarbeiten oder aber mit Hilfe von Stützen oder abstützenden Gipsformen. Schließlich werde ich noch die Technik des Paddelns erwähnen. Das *Paddeln* gehört auch zu den Formgebungsmethoden, insofern es eine bereits fertiggestellte Form verän-

dert und vervollkommnet; es läßt sich zusammen mit den anderen Formmethoden anwenden.
Keine von den in diesem Kapitel abgebildeten Arbeiten sollte als endgültiges Werk betrachtet werden. Der Akzent ruht immer auf dem Herstellungsprozeß, nicht auf der Darstellung des fertigen Stückes, damit der Leser, wie ich hoffe, zu eigenen Leistungen angespornt wird.

**Formen aus einem Tonbatzen**
Das Formen aus einem vollen Stück Ton läßt sich in zwei Methoden unterteilen: 1. Formen durch Dünnquetschen der Wandung; 2. Ausformen des kompakten Stückes an der Außenseite und anschließendes Aushöhlen. Bei beiden Methoden ist es wesentlich, daß der Ton äußerst sorgfältig aufbereitet, das heißt durchgeknetet wird, damit keinerlei Luftblasen oder nichthomogene Teilchen in der Masse vorhanden sind.
Zu der ersten Gruppe rechne ich drei Techniken: 1. die Quetschmethode; 2. die Pflockmethode; 3. die Herstellung von Preßteilen mit einer Maschine.

*Quetschmethode*
Auf ganz einfache Weise läßt sich eine Hohlform bilden, wenn man eine Tonkugel von Faustgröße mit dem Daumen in der Mitte eindrückt (26), dann die Wandung dünnt, indem man sie zwischen dem Daumen an der Innenseite und den Fingern an der Außenseite hoch- und nach außen quetscht, während sich dabei das entstehende Gefäß in der Hand dreht (27).
Man bohrt den Daumen so tief wie möglich (28), behält hierbei jedoch genug Ton für den Topfboden übrig. Dann arbeitet man stufenweise vom Topfboden zum Rand hoch, jedesmal mit einer Quetschbewegung zwischen dem Daumen innen und den Fingern außen (29). Wichtig ist dabei, daß das Quetschen sacht vor sich geht, so daß die Wandung bei jeder Phase nur wenig dünner wird. Sobald man den Rand erreicht hat, dreht man das Schälchen um etwa 0,5 cm, und aufs neue wird die Wandung vom Boden aufwärts gedünnt. Diesen Vorgang wiederholt man so lange, bis das Gefäß die beabsichtigte Wandstärke erreicht hat. Der gesamte Prozeß sollte mehrere Umdrehungen umfassen, weil man ja die Wandung jeweils nur etwas dünner macht.
Man kann die Wandung auch auf andere Weise dünnen, indem man den Ton mit dem Daumen hochzieht, sozusagen in einer einzigen Bewegung vom Boden

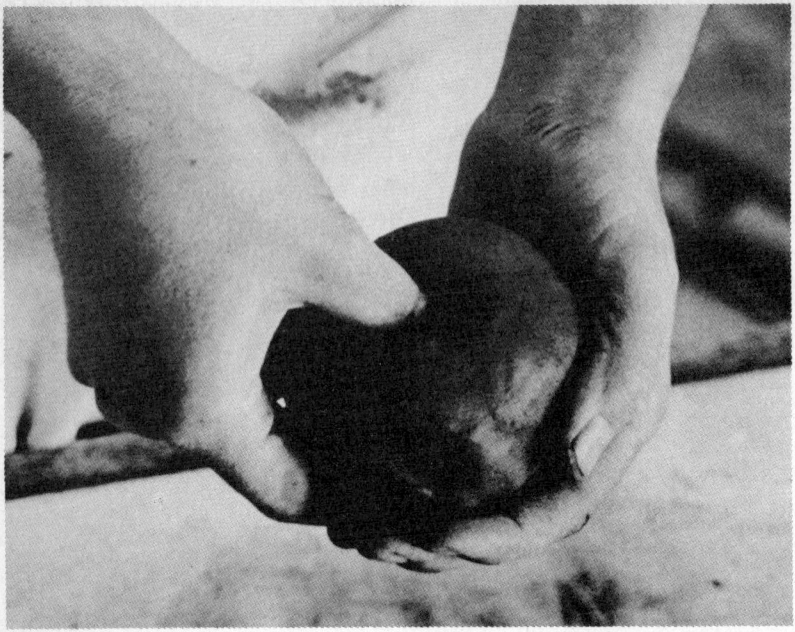

26

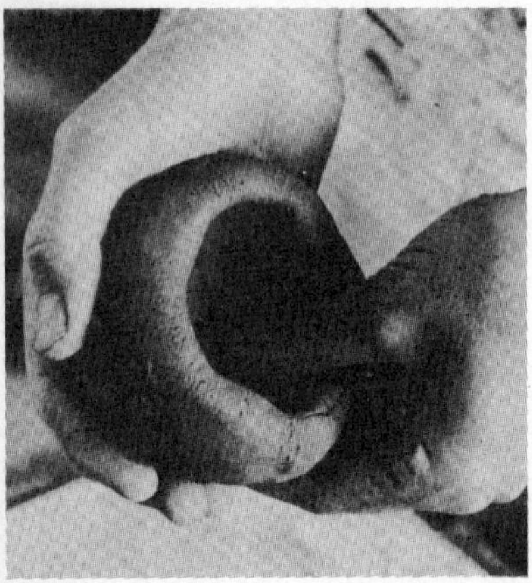

27

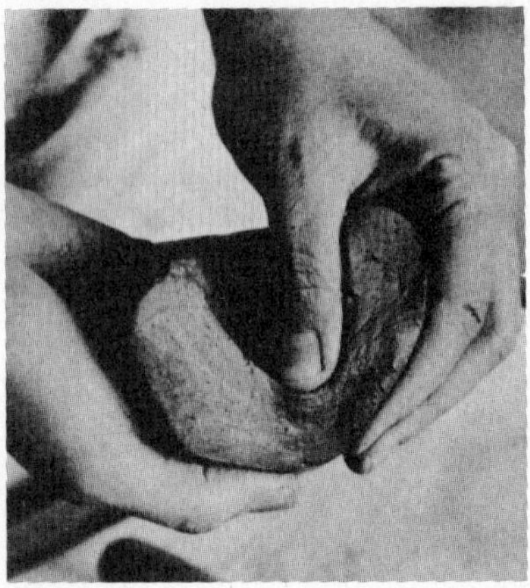

28

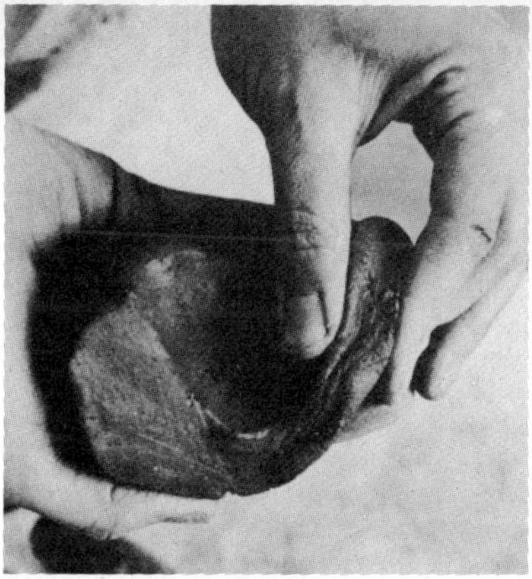

29

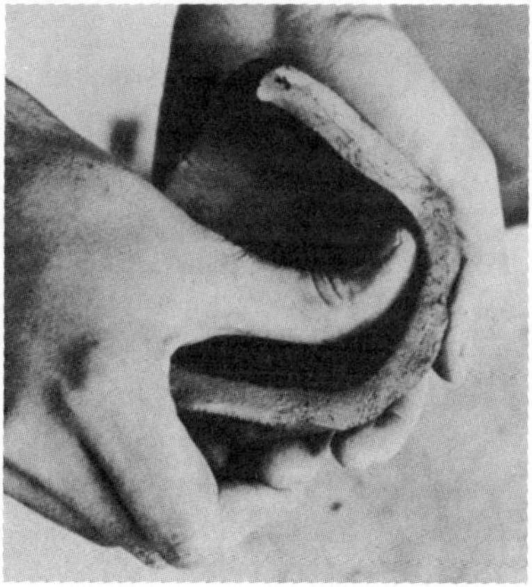

30

*26–30 Phasen des Tonquetschens*

bis zum Rand (30). Eine solche Form läßt sich stellenweise – mit der gleichen Bewegung – ausbauchen.

Obwohl es sich um eine einfache Technik handelt, gehören dazu ein feines Gespür für den Ton und auch Fingerspitzengefühl zur Beurteilung der Wandungsdicke. Man beobachtet dabei sorgfältig, wie der Ton auf den Druck der Finger reagiert, und die Art und Weise, wie er sich bewegt. Hierbei ist es eine Hilfe, wenn man mit geschlossenen Augen arbeitet, denn so entwikkelt sich leichter ein Gespür für den Ton.

Formen, die auf solche Art zustande kommen, sind verständlicherweise nicht besonders groß, können aber sehr ausdrucksvoll sein. Zum Beispiel kann man mit Absicht den Anfang des Quetschens außerhalb des Mittelpunktes ansetzen, wodurch sich das optische Gleichgewicht sozusagen verschieben muß. Man kann auch den Rand vielfältig gestalten, ferner die Oberfläche paddeln, ritzen oder texturieren. Solche Formen lassen sich weit öffnen oder schließen. Zu guter Letzt kann man mehrere solcher Stücke zu einer komplexen Form kombinieren.

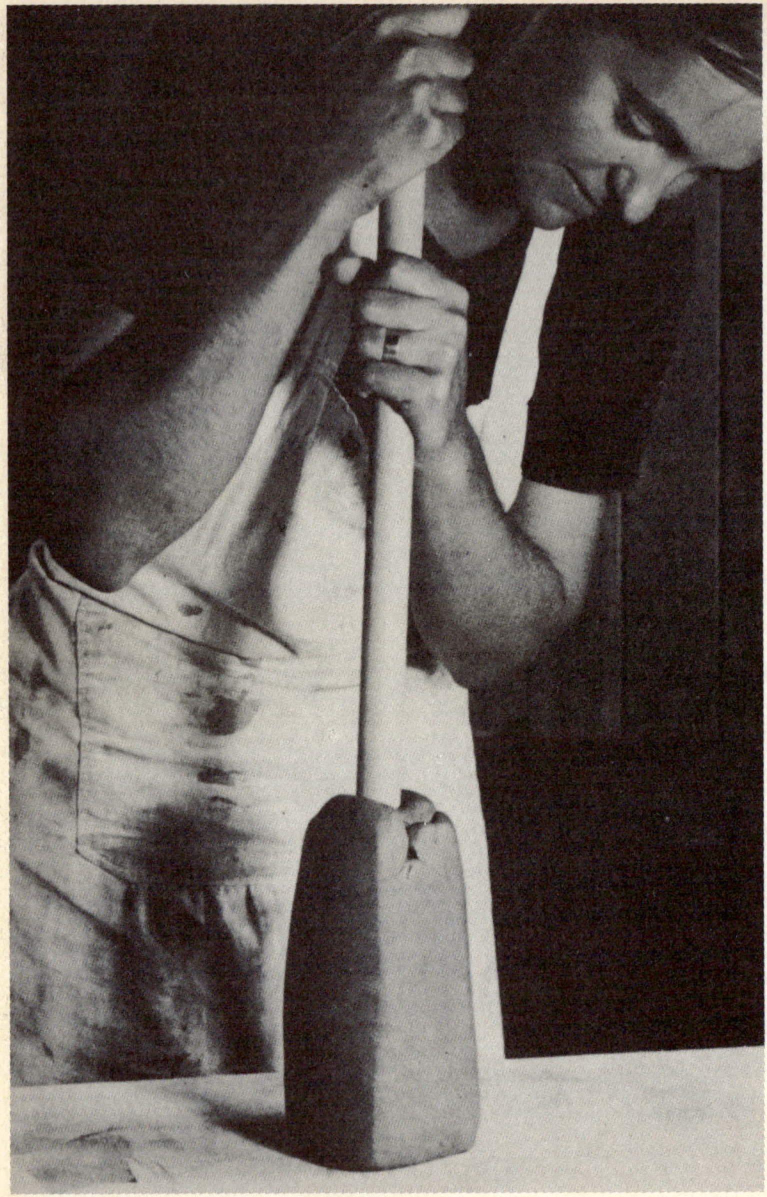

31

*Pflockmethode*

Eine weitere Technik zur Herstellung einer Hohlform aus einem vollen Tonstück besteht darin, daß man durch die Mitte eines zylindrischen oder konischen Tonbatzens einen Pflock bohrt (31) und dann die Wandung durch Ausrollen auf einer Tischfläche dünner macht (32). Der Druck seitens des Pflocks innen und der Tischfläche außen quetscht den Ton und streckt ihn in die Horizontale. Mit anderen Worten, der Durchmesser des Hohlzylinders weitet sich, aber das Stück gewinnt nicht an Höhe.

Große Sorgfalt muß darauf verwendet werden, daß die Wandung ebenmäßig dünner wird; es ist daher ratsam, den zu Beginn verwendeten Pflock gegen einen dickeren auszutauschen, sobald sich das Loch ausweitet.

Anfangs wird es vielleicht etwas schwierig erscheinen, das Verhältnis von Höhe und Breite zu beurteilen. Je dicker der Zylinderbatzen ist, um so ausgiebiger läßt sich die Wandung dünnen und um so mehr wird der Hohlzylinder in die Breite gehen. Falls hohe, schmale Zylinder geplant sind, ergibt sich die Schwierigkeit, mit dem Pflock genau die Mitte zu treffen. In diesem Fall beginnt man am besten mit einem dickeren, jedoch kürzeren Zylinderbatzen, durchstößt ihn mit dem Pflock und dünnt und quetscht den Zylinder in die Länge, indem man den Ton mit beiden Händen hochdrängt (33).

Diese Technik macht sich, genau wie die Quetschmethode, die Plastizität des Tons zunutze. Der Ton wird gestreckt, und die sich dabei ergebende Textur kann sehr reizvoll sein. Diese Formen

32

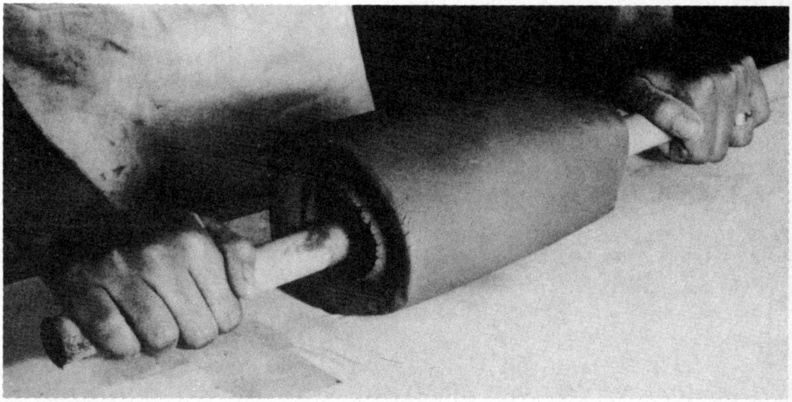

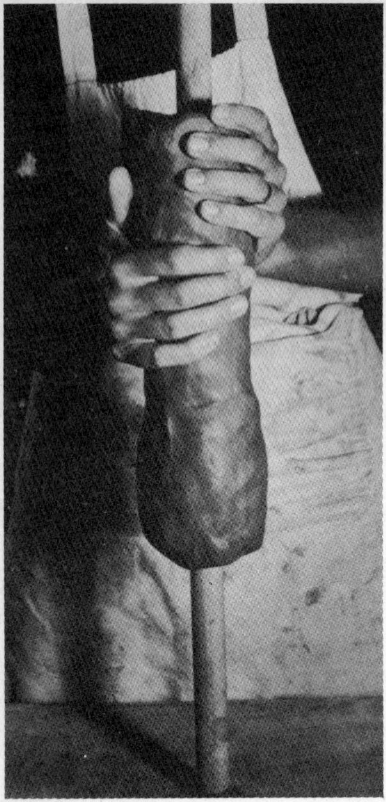

33

34

*31–34 Phasen der Pflockmethode*

sind einfach, zylindrisch oder konisch, zeigen indessen große Feinheiten in der Art, wie sie ihre Kurven ändern. Auch der Rand verleiht den wirksam gewesenen Kräften Ausdruck; kein sonstiges Modellieren kann diese Feinheit erreichen (34). Als Boden läßt sich eine Platte verwenden; man kann auch eines der Enden zusammendrücken.

*Formen aus Preßteilen*

Hohlformen aus der Maschine werden immer beliebter. Ein Preßformer oder »Extruder« ist ein Gerät, das sich für schöpferisches Gestalten auf vielfache Weise einsetzen läßt. Er besteht aus einem Rohr, durch das der Ton mittels eines mit Hebelwirkung in Gang gesetzten Kolbens hindurchgetrieben wird. Der Ton

passiert dabei eine Schablone, die ihn in Röhrenformen preßt. Diese Formen können, je nach Art der Schablone, die verschiedenartigsten Durchmesser haben und entweder kompakt oder auch hohl sein. Rechteckige und andere Strangformen sind ebenfalls möglich.
Eine solche gepreßte Strangform kann unbegrenzt lang sein, in der Dicke sind ihr jedoch – zumindest bei Extrudern für Studiozwecke – gewisse Grenzen gesetzt.

Keramiker verwenden solche Extruder meist zur schnellen Herstellung einer Grundform, die sie dann anschließend je nach funktionalen oder skulpturalen Absichten gestalten bzw. umgestalten können.

*Die Aushöhlmethode*
Bildhauer kennen seit langem die Methode, eine kompakte Masse zu formen und zu gestalten, um sie dann anschließend – im fertigen Zustand – auszuhöhlen. Viele Töpfer indessen lehnen

*35 Aushöhlen eines Tonbatzens*

diese Methode ab, weil der Aushöhlprozeß den plastischen Charakter des Tons ignoriert und außerdem Material zu verschwenden scheint. Der dabei »verschwendete« Ton läßt sich jedoch wieder verarbeiten, und auch der plastische Charakter des Tons kann bei der Gestaltung eines kompakten Tonbatzens voll und ganz zur Geltung kommen. Eine kompakte Tonmasse reagiert auf Druck völlig anders als eine Hohlform.

Mit dieser Methode lassen sich die verschiedenartigsten Gebilde, kurvige Flächen und Texturen erzielen.

Falls das Stück sehr dick ist, muß man es aufschneiden, dann aushöhlen und wieder zusammensetzen (35). Schon bei der Planung der Form muß dieser Schnitt berücksichtigt werden. Bei flachen Gebilden zum Beispiel mag es bereits genügen, wenn man mit dem Pflock das dickere Ende des Stückes durchbohrt.

Nur wenige Handbautechniken gehen von einer kompakten Masse aus. Am häufigsten verwendet man das Freidrehen. Mit dieser Technik des Freidrehens beschäftige ich mich ausschließlich in meinem Buch »Das Drehen auf der Töpferscheibe«.

## Das Formen mit kleinen Baueinheiten

Während Gebilde aus einer kompakten Masse, wenn überhaupt, nur wenige Nahtstellen aufweisen, führt das Gestalten mit kleinen Baueinheiten zu einem Netzwerk von Nahtstellen.

Zunächst werde ich darlegen, wie man Baueinheiten herstellt, und dann zeigen, wie man sie zusammensetzt.

Im Anschluß daran werde ich eine Technik beschreiben, die von Dr. Robert Ramsey (California State University, Long Beach) entwickelt wurde. Ich nenne sie die »erweiterte Quetschmethode«. Hier wird das Quetschen und Dünnen eines Tonbatzens zu einer Form kombiniert mit dem Bauen aus kleinen Einheiten.

Handgebaute keramische Formen haben Ähnlichkeit mit einem Backsteinhaus; hier wie dort werden viele kleine Bauelemente zu einem Ganzen zusammengefügt. Diese kleinen Einheiten beim Töpfern können Wülste, Platten, gequetschte Teile oder auch Tonkugeln sein.

### *Herstellen kleiner Baueinheiten: Wülste und Platten*

#### Wülste

Sie entstehen durch Rollen des Tons auf einer Tischplatte. Zu Anfang quetscht man mit der Hand eine grobe, dicke Wulstform (36) und rollt diese dann mit beiden Händen auf dem

Tisch vor und zurück, wobei man die volle Länge der gestreckten Innenhandflächen einsetzen muß (37). Damit die Wülste rund und nicht flach werden, darf man nicht zuviel Druck anwenden; außerdem ist es sehr wichtig, daß beim Rollen in eine Richtung der Ton mindestens eine volle Umdrehung macht.

Für lange Wülste benötigt man mehr Tonmasse, und beim Rollen gehen die Hände von der Mitte aus getrennt nach links und rechts bis zum Ende des Wulstes. Die Unterlage zum Rollen sollte aus absorbierendem Material bestehen, und es ist ratsam, mit einem eher feuchten Ton zu beginnen. Beim Rollen trocknet die Oberfläche der Wülste aus, und das kann – sobald man sie biegt – zu Rissen führen. Man gibt dem Wulst möglichst nur soviel Länge, wie man unbedingt braucht. Wird zu fester Ton verarbeitet, bilden sich leicht Hohlräume im Innern des Wulstes. Diese Wülste sind zum Aufbauen nicht geeignet, weil sie Luft einschließen, und die Luft kann beim Brennen das Gefäß sprengen.

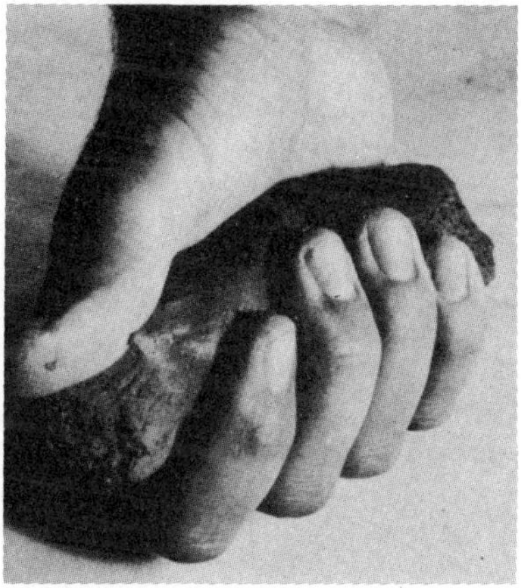

*36+37 Wulstherstellung*

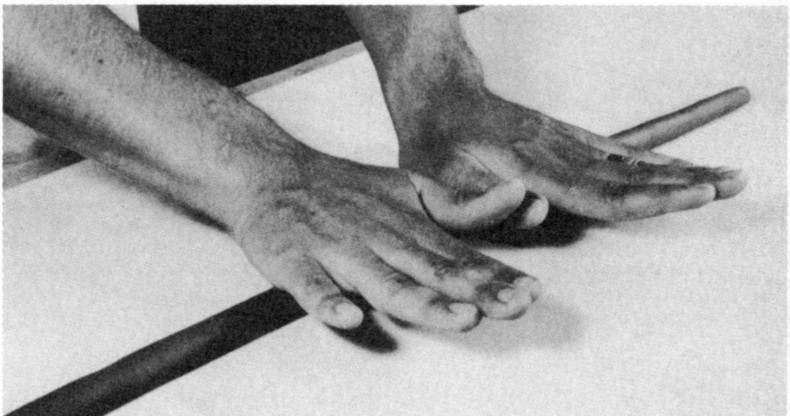

Platten

Kleine Tonplatten lassen sich auf verschiedene Weise anfertigen. Ich möchte hier nur die gebräuchlichsten Methoden beschreiben, und zwar: 1. Schlagen aus der Masse; 2. Die Masse auf eine Unterlage fallen lassen; 3. Ausrollen zwischen zwei Latten. Bevor ich eine Platte ausschlage, forme ich einen flachen Tonkuchen und presse ihn mit Handteller und -ballen unter Einsatz meines ganzen Körpergewichts nach unten (38) – man denke an die Tuchunterlage. Anschließend dünne ich den Ton von der Mitte ausgehend in alle Richtungen bis zu den Seiten mit kurzen Schlägen aus der Kante meiner Innenhand; dabei gebe ich acht, daß die Handkante spitzwinklig und dicht bei dicht aufstößt (39). Ich hüte mich vor tiefen Einbuchtungen und schiebe die Tonmasse ab und zu etwas aus der Mitte weg. Will ich eine Schlagbewegung auf meinen Körper zu ausführen, benutze ich nur die Kante des Handballens (40), stoppe jedoch kurz vor dem Ende der Tonplatte, damit sie an der Kante nicht zu dünn ausfällt. Die Platte wird beim Schlagen häufig umgewendet und so lange behandelt, bis sie dünn genug ist. Mit ein bißchen Erfahrung lassen sich auf diese Weise sehr ebenmäßige Platten herstellen. Benötige ich Platten mit einer ganz glatten Oberfläche, nehme ich meist das Rollholz zu Hilfe und gehe ein paar Mal leicht in allen Richtungen darüber hin, um Verzerrungen im Ton zu vermeiden (41). Manche Keramiker bevorzugen

*38*

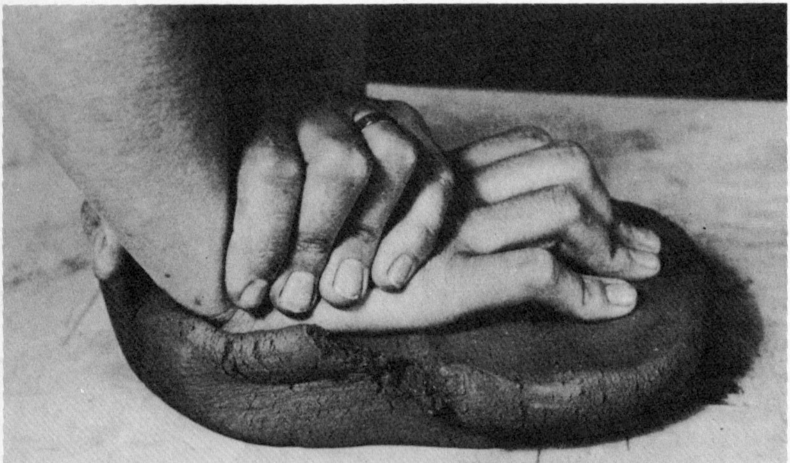

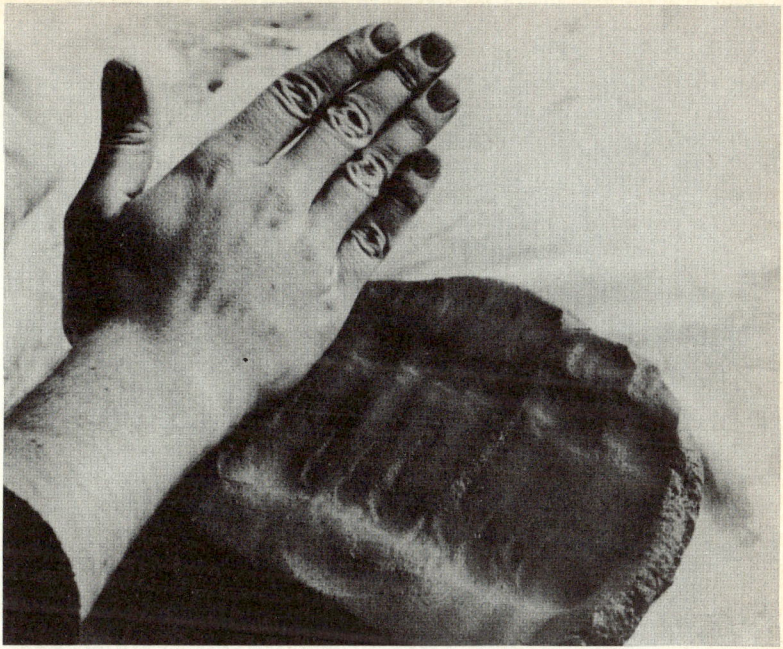

39 + 40

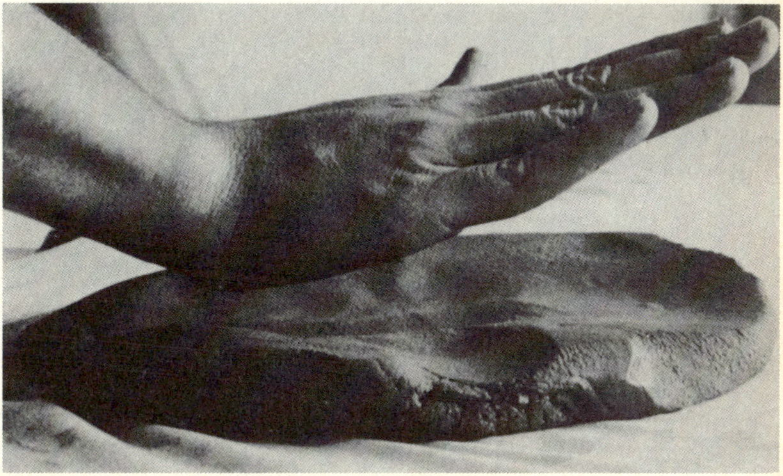

*41*

*42*

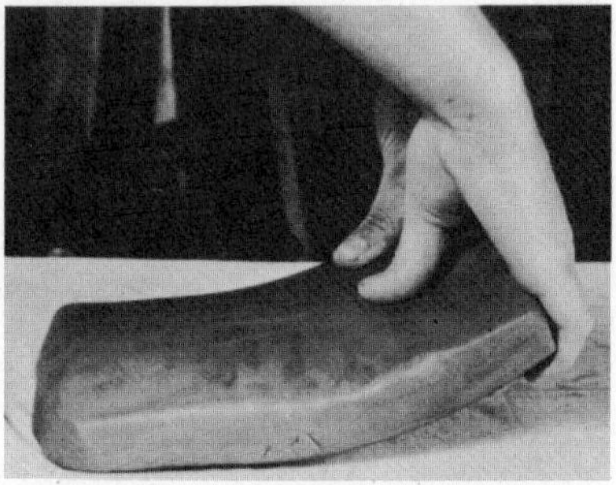

*43*

*44*

*38–45 Herstellen von Tonplatten*

eine andere Methode bei der Plattenherstellung. Sie formen die Tonmasse zu einer Art Block (42), legen diesen auf den Tisch und fassen ihn an der von sich wegzeigenden Kante mit beiden Händen (43). Dann ziehen sie das Ganze mit einer Bewegung zu sich hin in die Höhe und lassen den Tonblock mit seinem vollen Eigengewicht auf den Tisch fallen (44). Dieser Hergang bewirkt, daß die Oberseite der Platte zur Unterseite wird, die abgewandte Kante zur zugewandten. Die einem zugewandte Kante muß beim Herabfallen als erstes die Tischfläche berühren.
Man arbeitet im gleichmäßigen Rhythmus von Heben und Fallenlassen so lange, bis die gewünschte Plattenstärke erzielt worden ist. Zwischendurch glättet und streckt man die Plattenkanten und stößt sie ein paar Mal senkrecht auf, damit die Dicke dem übrigen angepaßt wird.
Die Arbeitsunterlage muß bei dieser Methode sehr gut Feuchtigkeit absorbieren, sonst klebt der Ton unterwärts fest.
Mit der oben geschilderten Methode lassen sich in kurzer Zeit sehr dünne und ebenmäßige Platten herstellen. Auch zeigen solche Platten oft als Folge der Drehung des Tons sehr interessante Oberflächenmuster. Damit der Ton sich überall gleichmäßig dehnen kann, ist hier ein besonders sorgfältiges Kneten unerläßlich.
Eine Platte läßt sich auch mit dem Rollholz zwischen zwei Latten, die gleichzeitig die Dicke bestimmen, ausrollen. Eine flach ge-

*45*

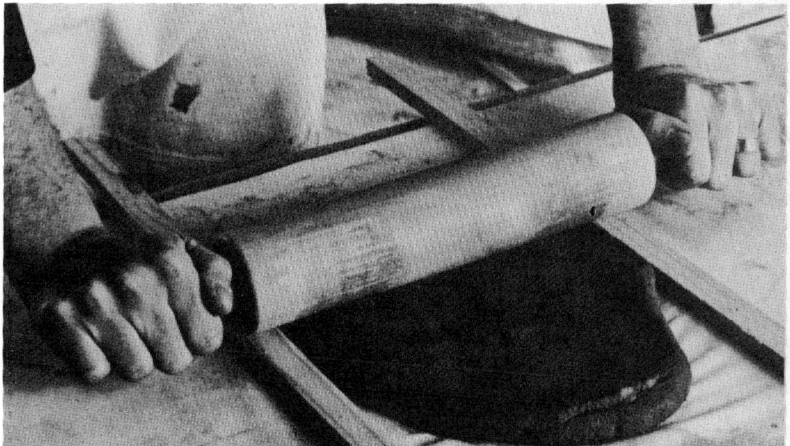

formte Tonmasse wird auf ein Tuch zwischen beide Latten gelegt und so lange ausgerollt, bis das Rollholz die Latten berührt (45). Diese Methode ist nicht ohne Risiko, weil der Ton immer nur in eine Richtung gedehnt werden kann, wodurch sich die Platten beim Trocknen und Brennen eventuell krümmen und aufwerfen.

*Aufbauen aus kleinen Einheiten*

Wir wollen uns jetzt dem Zusammenbauen der einzelnen kleinen Formelemente zuwenden. Möchte man einen Topf bauen, beginnt man für gewöhnlich mit einer Bodenplatte. Eine erste Reihe von Bauelementen wird aufgesetzt und mit dem Boden durch eingepreßte kleine Wülste (stumpfes Verfugen) fest verbunden (46).

Die einzelnen Baueinheiten können nun stumpf aufeinander, eins neben dem anderen (47) oder sich überlappend (48) hinzugefügt werden. Beim Anbringen der separaten Elemente verge-

46–49 *Gefäßherstellung mit Hilfe einzelner Teile*

46

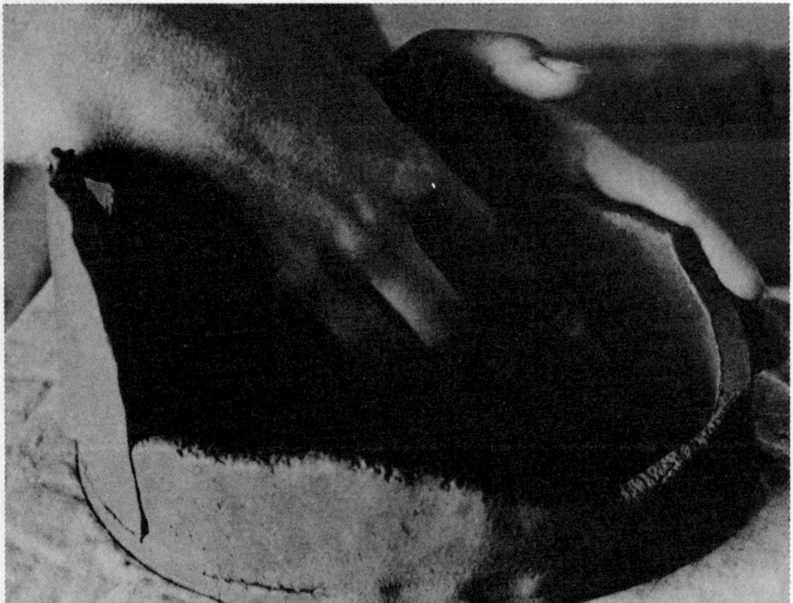

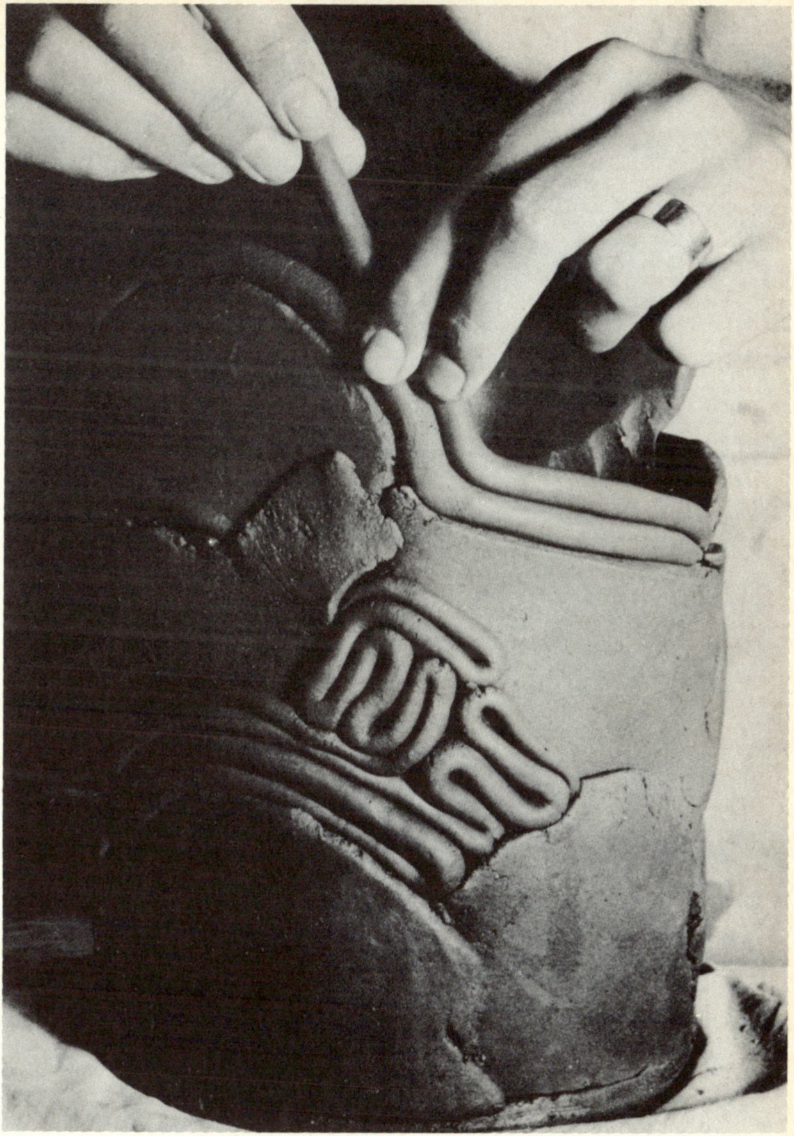

47

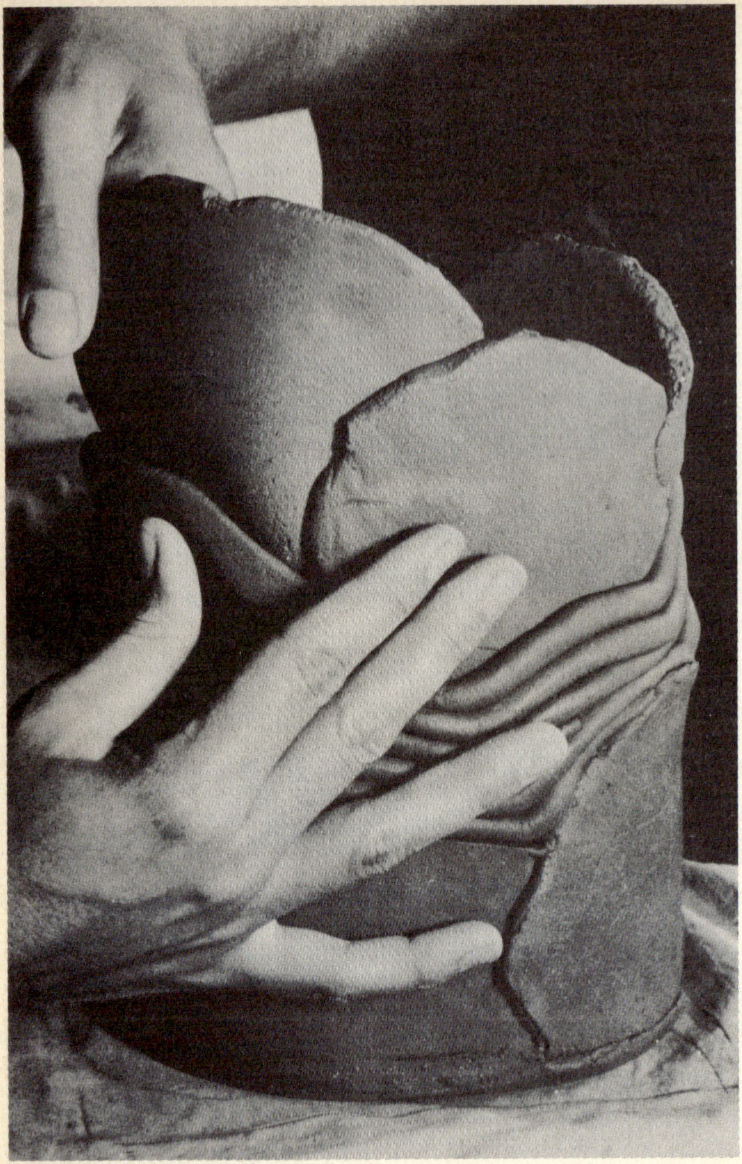

48

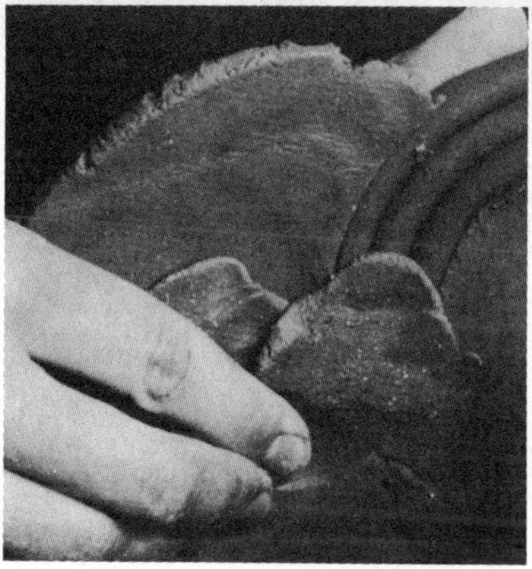

*49*

wissert man sich, ob sie durch intensives Pressen festen Kontakt miteinander gewonnen haben. Man macht sich die Flexibilität des Tons zunutze, um die Teile richtig in ihrem Gewicht auszubalancieren.

Diese additive Technik wird wesentlich durch die Art der Verfugung, der Verbindung der Einzelteile gesteuert: Beim stumpfen Verfugen ist einpressende Kraft erforderlich, beim Überlappen eher ein Drücken und Bewegen des Tons von der einen zur anderen Seite.

Die Wülste können stumpf aufeinander gelegt werden, und wenn sie zu dünn sind, um Ton für das Verschmieren abzugeben, kann man mehrere Reihen aufschichten und anschließend die ganze Fläche mit einer etwa 3 mm dicken Tonschicht verbinden. Dabei geht man von einer Tonkugel aus und verputzt von der Mitte her die Wülste miteinander. Man muß eine Verstärkung an die nächste fügen (49) und so die ganze betroffene Fläche bedecken; nur nicht der Versuchung erliegen und aus Zeitgründen kleine Platten statt Tonkugeln verwenden. Das rächt sich später, weil die Platten meist Luft einfangen.

Man beachte, wie beide Hände an der Wandung immer im Zusammenspiel arbeiten, indem die eine stützt, wo die andere preßt. Wie schon erwähnt, ist die Verfugung nur an einer Seite erforderlich. Auf der anderen kann das Aufeinandertreffen der einzelnen Bauelemente ein wirkungsvolles Muster ergeben.

Die Wülste lassen sich auch auf der Außenseite mit Finger oder Werkzeug zu einer dekorativen Oberfläche verbinden (50).

Einzelne Öffnungen zwischen den Wülsten und Bauelementen sind technisch durchaus tragbar. Sie können funktionalen wie dekorativen Maßnahmen dienen. Selbstverständlich sind mehrere kleine Öffnungen, umgeben von größeren geschlossenen Flächen, in der Konstruktion solider als große Öffnungen mit rundum kleinen geschlossenen Zonen.

Muß die Arbeit in Abschnitten verlaufen, erinnert man sich der Plastikabdeckung und rauht die Oberkanten beim Weitermachen auf und bestreicht sie mit Schlikker. Ich selbst finde ein Paddeln der Innenseite oft hilfreich, um die Verfugungen zu straffen, aber das geschieht am besten dann, wenn schon ein lederharter Zustand erreicht ist, damit sich die Form nicht verzieht und die einzelnen Baueinheiten in ihrer Prägnanz nicht beschädigt werden.

*50 Dekorieren der Oberfläche*

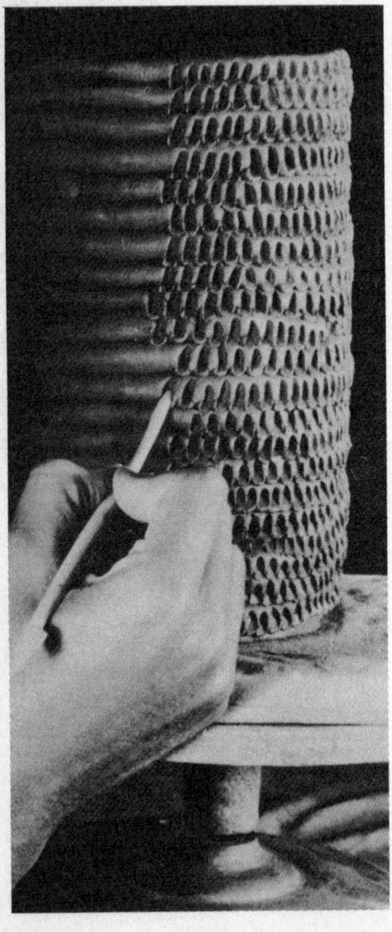

*Die erweiterte Quetschmethode*
Das oben geschilderte Verbauen kleiner Einheiten mit sichtbarem Gefüge kann zu aufregenden Mustern und Oberflächentexturen führen. Trotzdem entspricht diese Verarbeitung des Tons nicht allen Formen und schöpferischen Absichten. Wird eine glatte oder annähernd glatte Oberfläche angestrebt, benutze ich die erweiterte Quetschmethode, die man auch als »Strickmethode« bezeichnen könnte, weil sie aus dem Sich-Verschränken kleiner Tonstückchen besteht.

Für den Boden benutzt man eine Platte und formt die erste Reihe mit einem flachgeklopften und stumpf aufgesetzten Wulst; ein kleiner eingepreßter Fugenwulst verstärkt die Konstruktion. Dann pflückt man kleine Tonstückchen aus einem großen Batzen (51), drückt sie zwischen den Handballen platt und bringt sie innen an den ersten flachen Wulst; dabei soll etwa ein Drittel des angesetzten Stückchens den Wulst überlappen (52). Die auf diese Weise doppelt dick entstandene Tonwand wird zusammengequetscht, indem beide Daumen außen am Gefäß drücken und die anderen Finger innen gegenstützen (53). Die pressende Bewegung der Daumen geht aufeinander zu und nach oben. Sie muß in Stufen und mit eng zusammenliegenden Zugriffen ausgeführt werden, beginnend am Boden und bis zum Rand hinführend. Erst wenn die Wandung die gewünschte gleichmäßige Dicke erreicht hat, kann man damit aufhören. Man achtet bei der Arbeit auf den Rand der vorhergehenden Quetschreihe. War der Daumendruck korrekt, bildet sich in der Mitte des angepreßten Tons eine senkrechte Rippe (54).

*51–57 Phasen der erweiterten Quetschmethode*

52

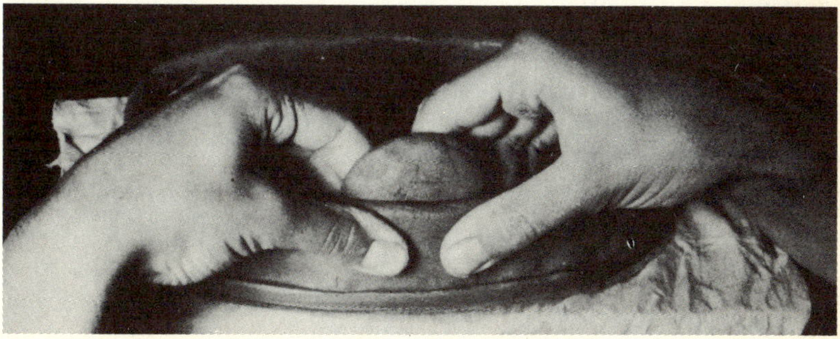

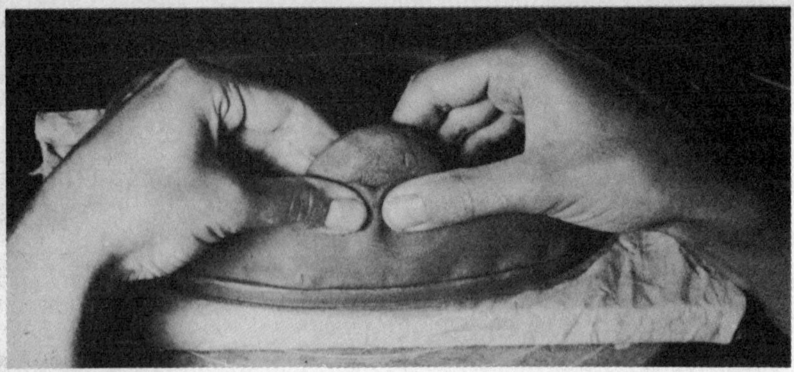

*53*

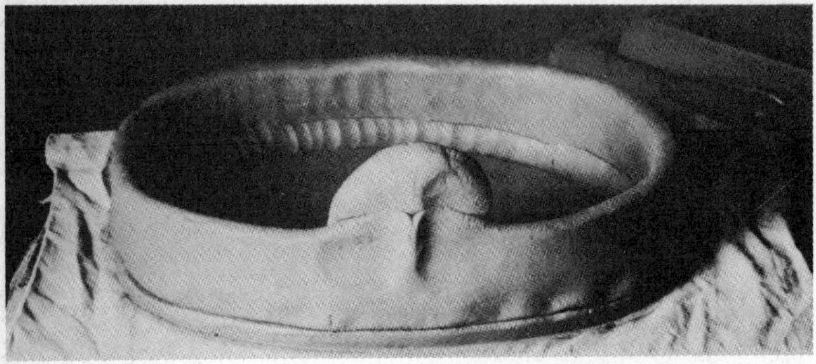

*54*

Diese Rippe und andere Unregelmäßigkeiten muß man sanft zwischen den Daumen außen und den Fingern innen glatt drücken. Dabei bleiben Daumen und Finger gestreckt und arbeiten parallel zueinander in ihrer vollen Länge (55).

Es ist sehr wichtig, daß der Druck immer nach innen ausgeübt wird und nicht nach außen; auch dürfen nirgendwo dünne Stellen übersehen werden. Genauso ertastet man dickere Zonen und verteilt sie durch Pressen zu einer gleichmäßigen Wandung. Auf sehr dünne Stellen darf kein direkter Druck treffen.

Die Tonstückchen setzt man nacheinander an, eins überlappt das darunter- und danebenliegende (56). Schon beim Ansetzen wird jedes einzelne Teilchen dünn gequetscht. Erst wenn eine Reihe vollständig ist, fängt man mit der nächsten an (57).

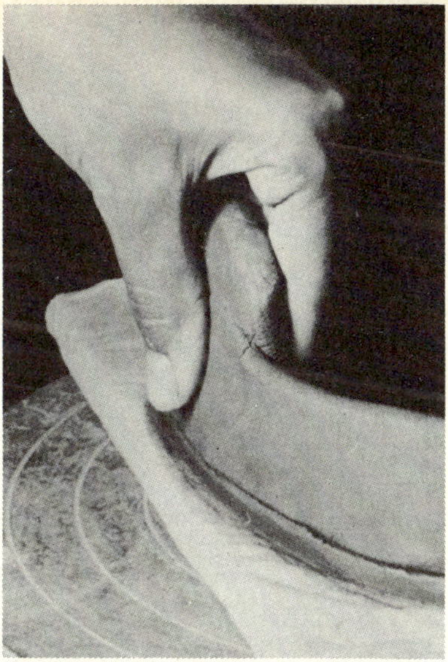

55

Es arbeitet sich immer am besten an der dem Körper zugewandten Seite des Gefäßes. Diese Stellung erreicht man durch ständiges Drehen der Arbeit, oder – bei größeren Stücken – indem man

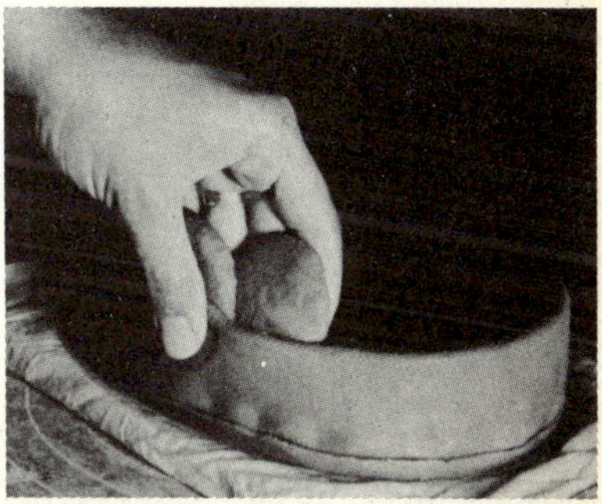

56

57

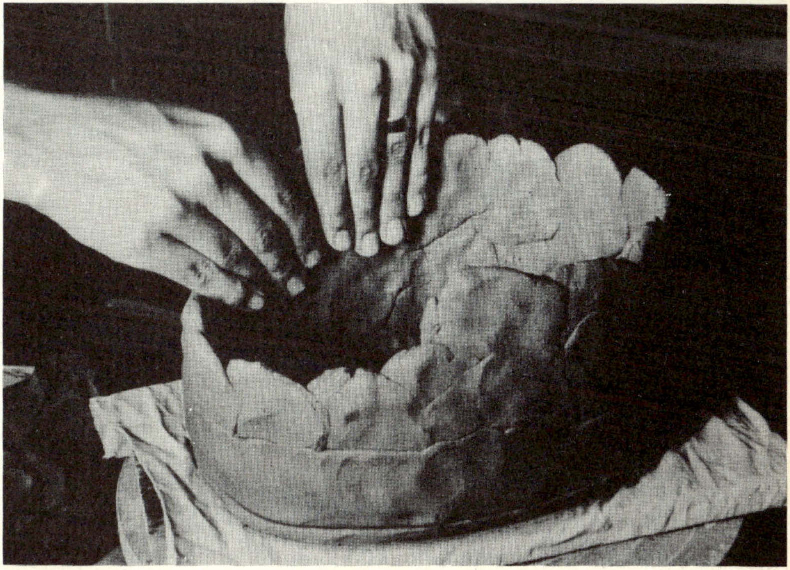

sie umschreitet. Dicke und Form der Stückchen, von denen man ausgeht, sind nicht so wichtig, weil sie ohnehin dünn gequetscht und in die gesamte Form eingefügt werden. Es arbeitet sich aber leichter mit kleinen Tonstückchen als mit großen.

Um diese erweiterte Quetschmethode zu lernen, braucht man eine gewisse Übung. Am besten fängt man mit geraden Zylinderformen an und schneidet sie senkrecht durch, damit der Aufbau der Wandung offen vor uns liegt und wir jede Unregelmäßigkeit in der Dicke erkennen können. Weitet sich der Durchmesser des Zylinders ohne unsere Absicht am oberen Teil aus, ging die Quetschbewegung mehr nach außen als nach innen und in die Höhe.

Beherrscht man diese Methode erst einmal, kann man außerordentlich schnell damit aufbauen, weil zusätzliches Wulsten wegfällt. So seltsam es klingen mag, so ist das Tempo, mit dem die Töpfe wachsen, der einzige Nachteil dieser Methode, denn man überschreitet leicht den Punkt, an dem die Arbeit erst einmal ruhen sollte, um lederhart zu werden.

Wenn ich in Stufen arbeite, dünne ich die letzte Reihe auf etwas weniger als die Hälfte der beabsichtigten Wandung zur Vorbereitung für die nächste Stufe. Normalerweise verringert sich die Wandstärke beim Anquetschen des Tonstückchens mit diesem einen Griff. Will man jedoch in Stufen arbeiten, läßt sich die obere, bereits angetrocknete Reihe nicht mehr so leicht eindrücken. In diesem Fall rauhe ich den oberen Rand meist auf und betupfe ihn mit Schlicker, selbst dann, wenn alles vorher gut mit Plastik abgedeckt war.

Durch die vielen sich überlappenden und verquetschten Tonteilchen erhält man sehr tragfähige Wandungen; folglich eignet sich diese Technik für Formen aller Art und Größe.

Im lederharten Zustand kann man mit dem Paddel die Form weiterbearbeiten und die Textur verfeinern (siehe Seite 96 bis 98; Abb. 103); bevorzugt man eine glatte Oberfläche, so läßt sich das durch Streichen mit einer flexiblen Schiene nach jeweils mehreren aufgesetzten Reihen bewerkstelligen (58).

Die verschiedenen Aufbaumethoden aus kleinen Einheiten sind leicht zu erlernen, und sie bieten eine Fülle von Varianten: Die Bauteile mögen klein und zart sein, hartkantig und geometrisch oder zerfranst und kurvig; es können damit sowohl große als auch kleine Formen gebaut werden, einfache zylindrische wie pralle bauchige, aber auch komplizierte zusammengesetzte Gebilde sind machbar. Anfangs erfordert diese Technik viel Geduld.

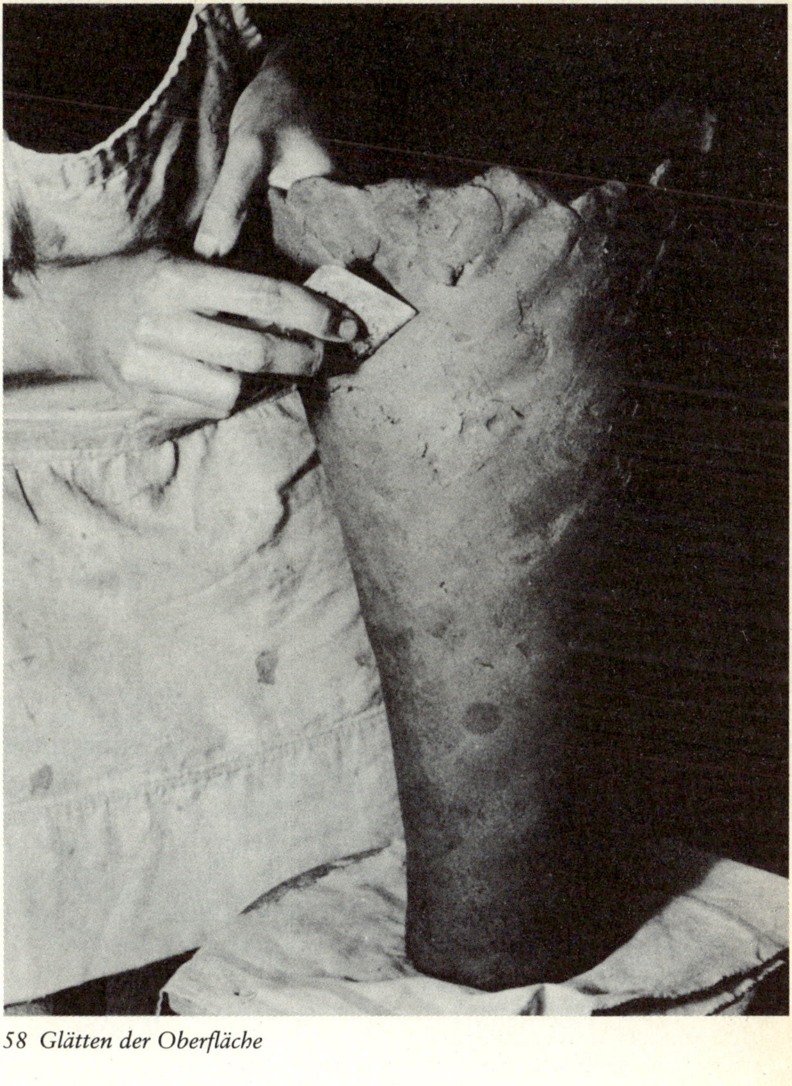

*58 Glätten der Oberfläche*

## Das Formen mit großen Baueinheiten

Das Formen eines Stückes aus einzelnen oder mehreren großen Baueinheiten geht oft wesentlich schneller als mit kleinen, ist dafür aber auch beträchtlich komplizierter. Diese großen Baueinheiten sind meist Platten oder – wie wir sehen werden – aus Platten geschnittene Teile.

Zu Anfang möchte ich beschreiben, wie die großen Platten hergestellt werden, und anschließend, auf welche Weise man sie verarbeiten kann.

*59–63 Phasen der Plattenherstellung*

60

59

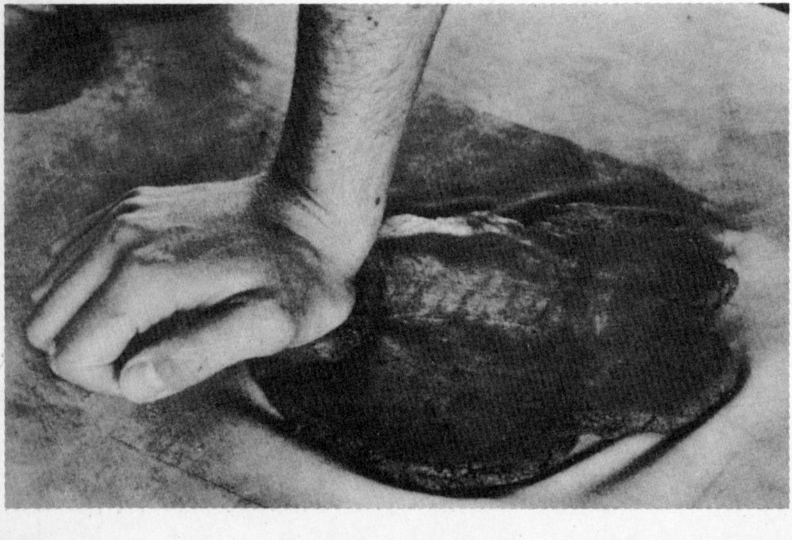

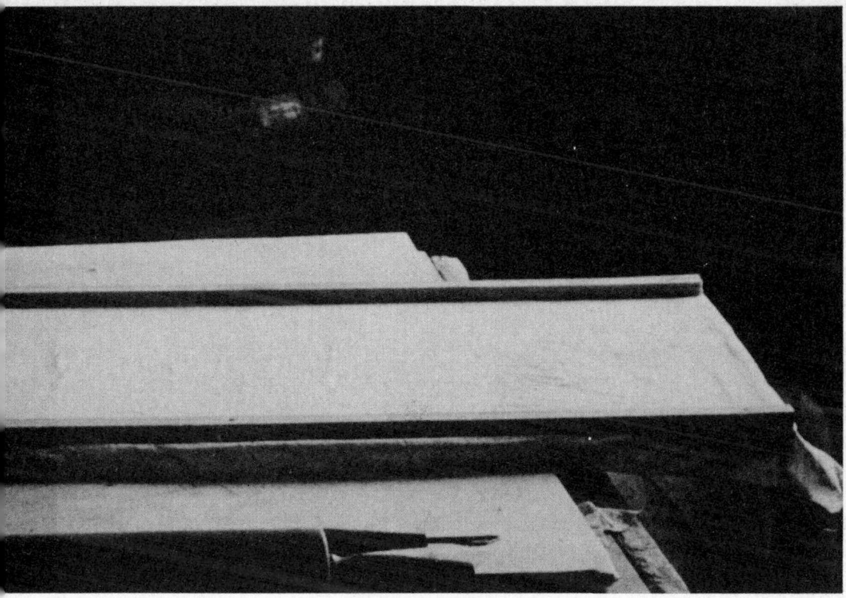

*Herstellen großer Platten*

Die Herstellung großer Platten kann sehr arbeitsaufwendig und mühsam sein. Man erleichtert sich die Arbeit, wenn man die Platten gewissermaßen »aufbaut« aus sich überlappenden Tonbatzen (59); diese werden immer gleich mit Handballen und Handkante dünn gequetscht, genauso wie es bei der Herstellung kleiner Platten beschrieben wurde (Seite 54 bis 56). Auch die großen Platten lassen sich wie die kleinen mit einem Rollholz glätten.

Manche Keramiker werfen die großen Platten auf der Arbeitsbank aus, und zwar in der gleichen Art und Weise, wie ich es bei den kleinen Platten geschildert habe (Seite 56 bis 58). Hierzu bedarf es allerdings einer gewissen Erfahrung.

Sollen die Platten durchgehend von absolut gleichmäßiger Dicke sein, kann man ein Plattenbrett benutzen. Dieses besteht aus einem mit Stoff bezogenen Brett, auf das an zwei Seiten Latten genagelt werden; mit den Latten reguliert man jeweils die Dicke der Platten (60). Ich selbst schlage eine Handvoll Ton nach der anderen in das Plattenbrett, lasse die Fladen sich überlappen und

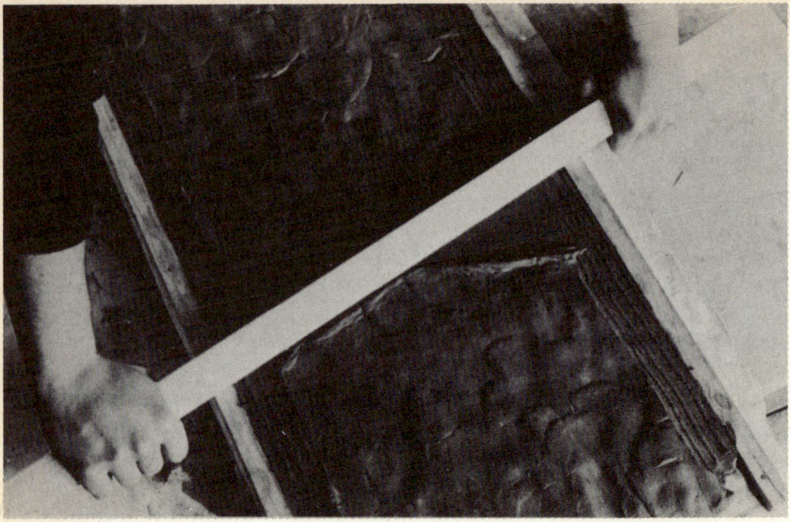

61

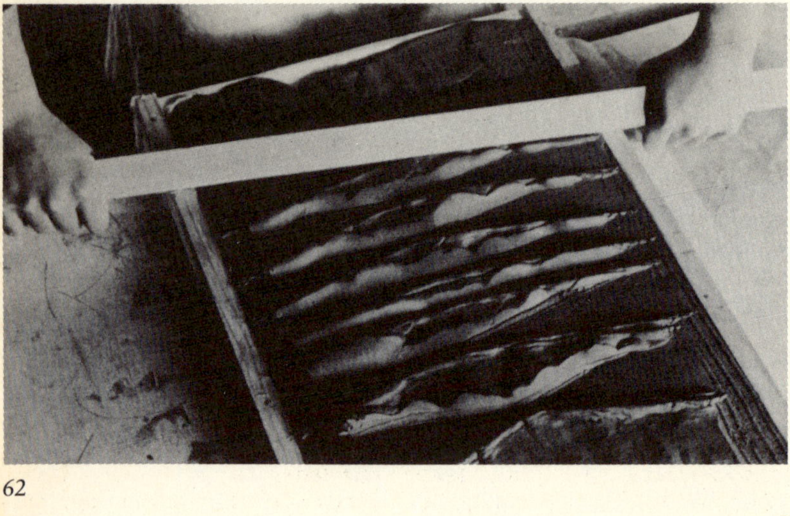

62

*63*

klopfe sie mit dem Handballen oder der Handkante fest zusammen. Schon dabei versuche ich, die geplante Dicke so weit wie möglich zu erreichen.

Den überschüssigen Ton beseitige ich folgendermaßen: Zuerst wird der Tonüberschuß an den Latten weggeschabt. Dann nehme ich ein gerades Kantholz, stütze es rechts und links auf die Latten und drehe es mit Druck aus der Mitte heraus 7 bis 8 cm vor und zurück (61). Dasselbe wird alle 10 bis 12 cm wiederholt, bis die ganze Tonplatte mit Rippen bedeckt ist (62); die Rippen lassen sich mit einem Schneidedraht oder einer Kordel abschneiden. Den restlichen Tonüberschuß streiche ich mit dem auf den Seitenlatten geführten Kantholz weg (63). Abschließend kann man die Tonplatte mit einem Holzpflock oder mit dem Rollholz glätten.

Eine große Arbeitsersparnis bietet der sogenannte Plattenroller. Leider handelt es sich dabei um eine recht teure Maschine. Sie quetscht die Tonplatte durch zwei einstellbare Rollen zu Platten von jeder gewünschten Dikke. Plattenroller sparen Zeit und Kraft, und es gibt Keramiker, die behaupten, daß auf diese Weise hergestellte Platten sich weniger verziehen.

Sind die Platten vorbereitet, können sie sowohl in plastischem wie lederhartem Zustand weiterverarbeitet werden.

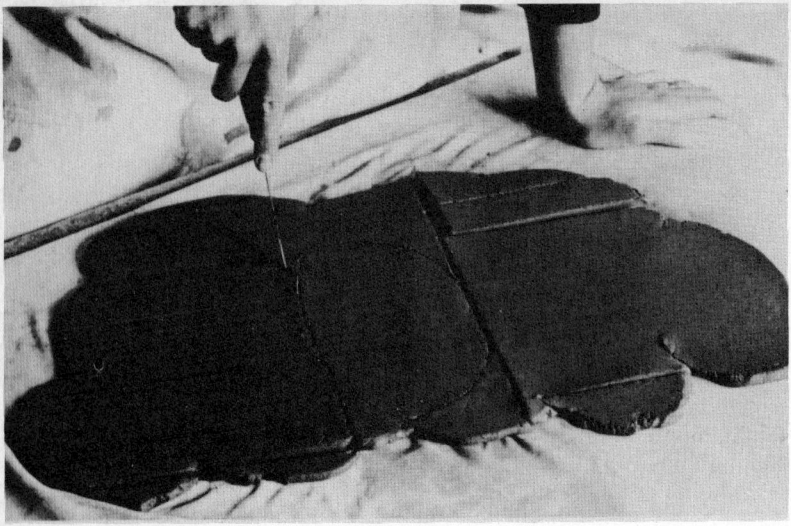

*64 Ausschneiden von Formen aus Tonplatten*

## *Aufbauen aus plastischen Tonplatten*

Eine plastische Platte besitzt alle angenehmen und weniger angenehmen Eigenschaften des Tons in diesem Zustand. Solch eine Platte kann man biegen und auf vielfältige Weise formen, aber der Mangel an struktureller Stärke setzt dem doch gewisse Grenzen. Immerhin läßt sich bis zu einem bestimmten Ausmaß direkt damit arbeiten, aber die meisten Keramiker benutzen beim Bauen mit plastischen Platten Hilfsmittel, ohne die ihre geplanten Formen nur sehr schwer oder überhaupt nicht durchführbar wären.

*65 Zusammensetzen der Formen*

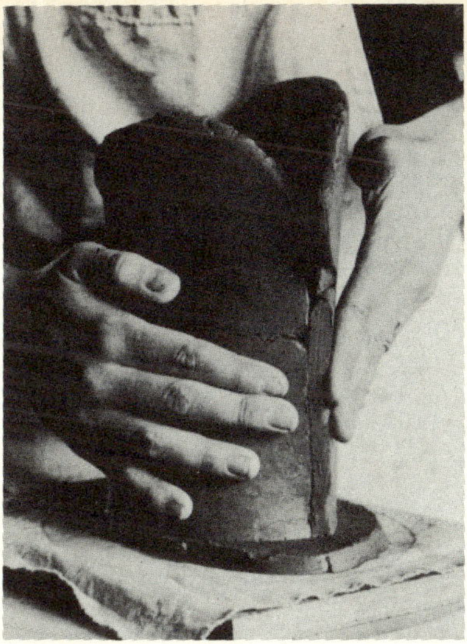

66

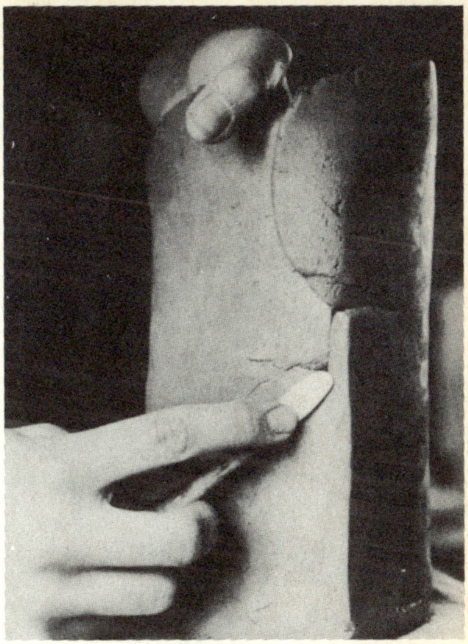

67

68

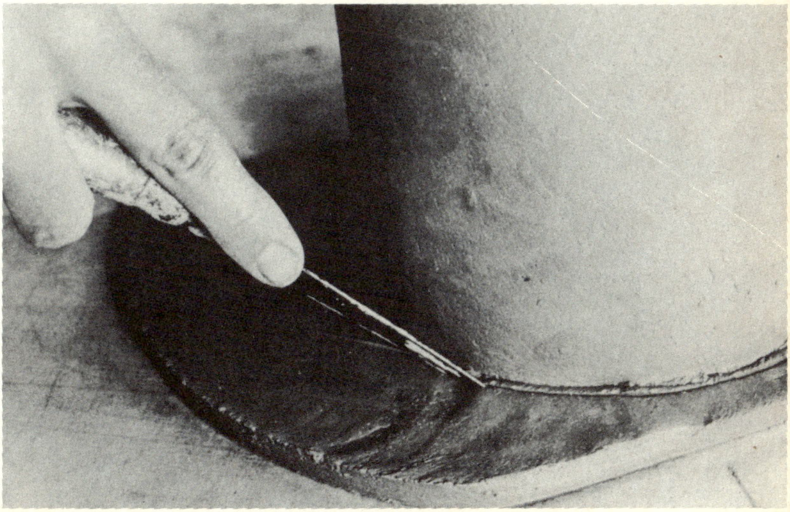

*Ohne Hilfsmittel*

Das direkte Formen aus einer plastischen Platte erlaubt große Flexibilität. Man kann einen Topf schnell errichten, indem man für den Boden und die Seiten Platten verwendet (64) oder gar das Ganze aus einer einzigen Platte formt (65). Die Seiten werden durch Überlappen verbunden oder auch stumpf verfugt (66), wobei die Nahtkanten entweder sichtbar stehen bleiben oder verputzt werden können (67). Wenn der Boden innen für das Verfugen mit einem Verstärkungswulst nur schwer zu erreichen ist, kann man die Bodenplatte knapp 1 cm über das eigentliche Maß zuschneiden (68) und den überschüssigen Ton von außen in die Seiten einarbeiten.

Beim Arbeiten mit plastischen Platten muß man immer daran denken, wie empfindlich der Ton auf jede Berührung reagiert. Auch hier ist es notwendig, jene »besondere Art des Zufassens« zu lernen (siehe Seite 42 und 43), damit die Frische der charakteristischen Spuren auf dem Ton erhalten bleibt und das Stück nicht schmuddelig und leblos aussieht.

Das Arbeiten mit plastischen Platten kann intensiv und erregend sein. Spontaneität und Schwung kennzeichnen die besten Stücke dieser Art.

*Mit Hilfsmitteln*

Sehr große Platten lassen sich im plastischen Zustand nur schwer manipulieren, denn sie neigen dazu, unter ihrem eigenen Gewicht einzusacken oder zu reißen. Es gibt verschiedene Möglichkeiten, die Tonplatten zu verstärken; zum Beispiel kann man dünne, kurze Fibersträhnen in die feuchte Tonmasse einkneten oder schon beim anfänglichen Mischen hinzufügen.

Auch das Auflegen von braunem Einwickelpapier oder einer dünnen Plastikhaut kann die Platte verstärken. Man feuchtet hierfür die Tonplatte mit einem Schwamm an und rollt und reibt das Papier oder die Plastikhaut fest auf die Oberfläche (69). Zum Schneiden der Tonplatte benutzt man in beiden Fällen eine Schere. Die Papier- oder Plastikhaut wird erst dann abgezogen, wenn die einzelnen Stücke zusammengesetzt worden sind.

Diese Vorkehrungen können zwar das Verzerren und Reißen der Platte während des Hantierens verhindern, nicht aber die strukturelle Kraft des Tons vermehren.

Zu diesem Zweck haben sich Keramiker andere Hilfsmittel ausgedacht, die oft sogar eine doppelte Funktion besitzen. Sie wenden sie vorwiegend bei komplizierten und auf andere Weise nur schwer oder gar nicht durchführbaren Formen an. Diese Hilfsmittel sollen meist die Zeit-

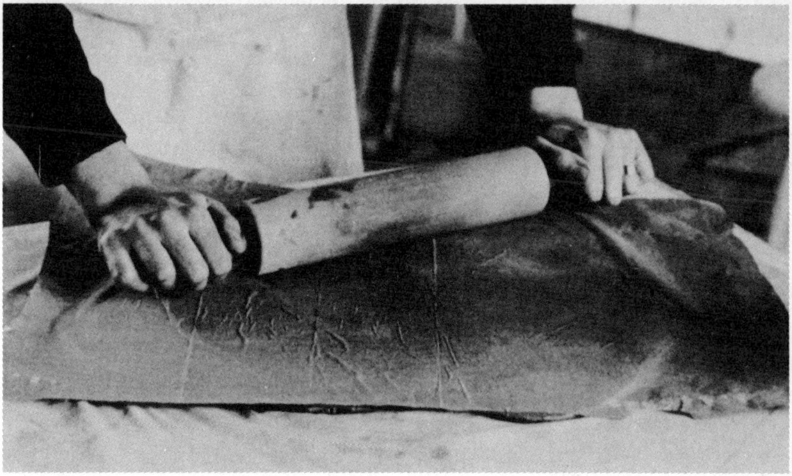

*69 Plattenherstellung mit Hilfsmitteln*

spanne bis zum Trocknen und Härten des Tons überbrücken, also bis zu dem Punkt, an dem sich der Ton aus eigener Kraft trägt. Andere Hilfsmittel wiederum dienen neben ihrer Stützfunktion dem Wiederholen der Form in ihren genauen Maßen und Konturen.

*Stützende Hilfsmittel*

Beim Planen der stützenden Hilfsmittel sind verschiedene Überlegungen wichtig:

1. Die Stützen dürfen unter keinen Umständen dem Ton beim Schwinden im Wege sein. Wie bereits früher erwähnt, müssen die Stützen entweder zusammenpreßbar sein, um dem Druck des schwindenden Tons ausweichen zu können, oder so eingesetzt werden, daß sie beim Schwinden kein Hindernis bilden.

2. Die stützenden Hilfsmittel sollte man so aufstellen, daß sie leicht beseitigt werden können, sobald der Ton sich selbst trägt. Bestehen die Stützen aus verbrennbarem Material, mögen sie beim Schrühbrand mit wegbrennen. Das ist aber nur bei einem

*70*

mit festen Brennstoffen gefeuerten Ofen möglich. In einem elektrischen Brennofen würde der sich bildende Rauch die Heizelemente ernstlich beschädigen.

3. Ton klebt auf nichtsaugfähigem oder wenig saugfähigem Material an. Sollte die Stütze aus derartigem Material bestehen, legt man ein Stück Stoff oder Papier zwischen Stütze und Ton.

Im folgenden möchte ich ein paar Beispiele für verschiedene Stützen geben: Eine plastische Tonplatte kann um eine Pappröhre gerollt werden (70). Die Pappröhre sollte jedoch vorher eine Lage Zeitungspapier erhalten, damit der Ton daran nicht festbackt. Die Röhre muß sofort wieder entfernt werden, es sei denn, man hat sie mit einer Schaumgummischicht umwickelt, die sich zusammendrückt, wenn der Ton schwindet. Aufgrund seiner großen Elastizität läßt sich Schaumstoff zur Abstützung von Formen vielfältig einsetzen (71). Papierpolster eigenen sich als Stützen im Inneren der Form, weil sie sich zusammendrücken, wenn der Ton schwindet (72). Eine Hängematte aus Stoff, in einer Kiste oder einer ähnlichen Konstruktion befestigt, dient ausgezeichnet als Stütze für eine gebogene Tonplatte oder eine gerundete Form; die Platten kön-

71

nen darin bleiben, bis sie lederhart sind (73). Eine solche Hängematte ist vor allen Dingen deshalb so praktisch, weil sie die Schwindung des Tons in keiner Weise behindert. Auch ein geschlossenes Luftpolster kann eine gute Innenstütze abgeben. Sobald der Ton zu schwinden beginnt, muß man jedoch die Form mit einem kleinen Einstich öffnen, damit die überschüssige Luft entweichen kann.
Ich habe hier nur ein paar Stützmöglichkeiten für plastische

72

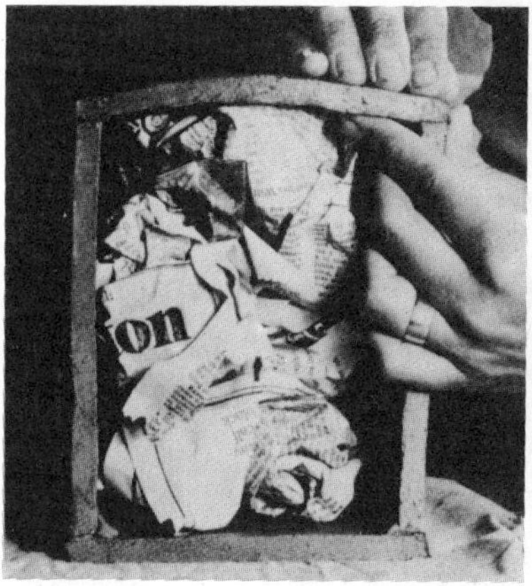

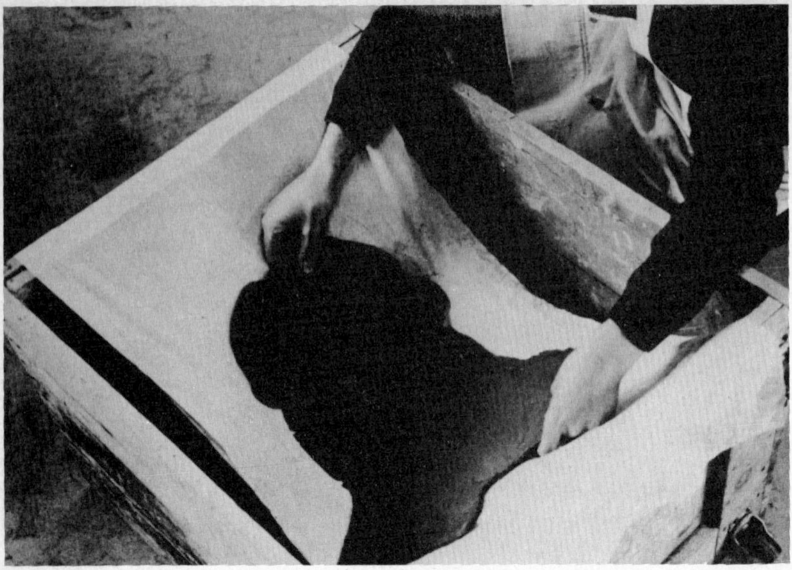

*73*

Tonplatten aufgezählt. Solange man nicht vergißt, daß Ton beim Trocknen schwindet und daß er an nichtabsorbierendem Material festklebt, mag jeder seine eigenen Einfälle zum Abstützen seiner eigenen Formen in die Tat umsetzen.

*Das Wiederholen von Formen*

Zur schier unbegrenzten Wiederholung ein und derselben Form hat die Industrie die Muldentechnik perfektioniert. Im Prinzip handelt es sich dabei um eine uralte und vorindustrielle Erfindung. Präkolumbianische Töpfer benutzten beispielsweise Einpreßmulden aus geschrühtem Ton, weil dieser außerordentlich saugfähig ist. Unsere heutigen Keramiker setzen bei ihrer Arbeit die unterschiedlichsten Arten von Mulden- und Buckelformen ein, nicht etwa zur Massenproduktion, sondern um bestimmte komplizierte Stücke, die anderweitig nur schwer oder überhaupt nicht machbar wären, herstellen und auch wiederholen zu können. Solche Mulden lassen sich außerdem immer wieder für Grundformen benutzen, lassen sich abändern und verbessern oder untereinander kombinieren.

*74*

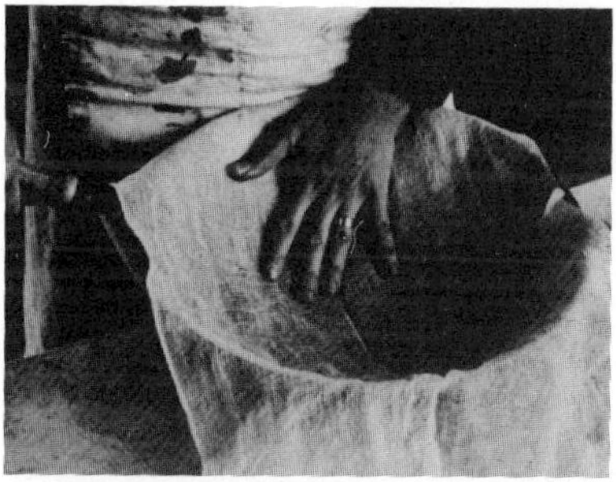

*75 Einpreßmulde*

Ich möchte in diesem Abschnitt die Einpreßmulden und die Bukkelformen zum Überpressen vorstellen.

Bei den *Einpreßmulden* wird der Ton in die Rundung eingepreßt, entweder in Form kleiner Einheiten (75) oder als Platte (76).

Unzählige Dinge aus dem täglichen Gebrauch lassen sich als Einpreßmulde benutzen, aber zwei Gesichtspunkte sind bei der Auswahl wichtig:

1. Die obere Öffnung der Einpreßmulde muß mit dem größten inneren Durchmesser mindestens identisch sein; ansonsten muß man die Mulde auseinanderbrechen, um die Tonform unbeschädigt herauszuheben.

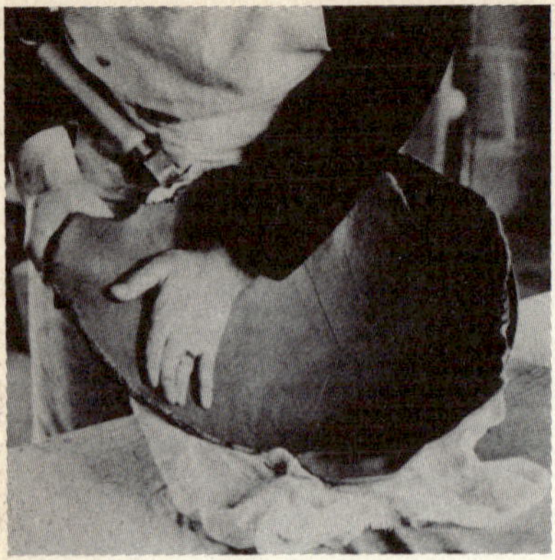
76

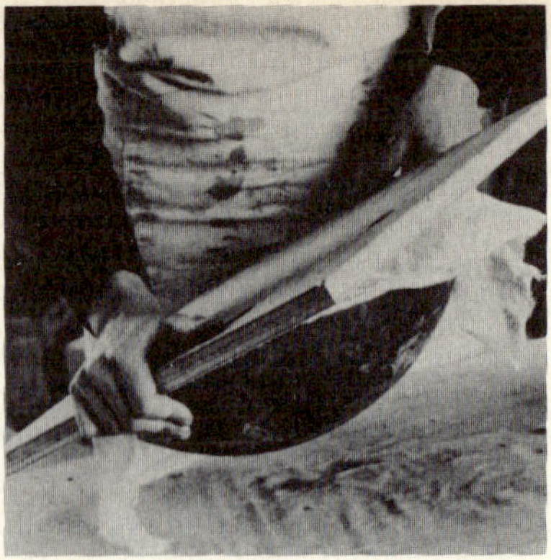
77

78

2. Die Einpreßmulde sollte mit Stoff oder Papier ausgekleidet werden, damit der Ton nicht festbackt; es sei denn, die Mulde besteht aus hochsaugfähigem Material wie zum Beispiel Gips. Zum Auskleiden von Mulden aus nicht- oder kaum absorbierendem Material eignet sich ganz ausgezeichnet Käseleinen. Es dehnt sich in verschiedene Richtungen und hinterläßt keinen Faltenabdruck auf der Tonoberfläche (74), wie es bei anderen Stoffen oft der Fall ist. Natürlich können auch solche Faltenabdrücke interessant sein.

Ist die Mulde ganz mit Ton eingepreßt, kann man ihn trocknen lassen, entweder bis zum lederharten oder bis zum knochentrockenen Zustand; diese Entscheidung hängt ganz davon ab, wie die Weiterverarbeitung geplant ist. Manche Tonformen kann man sofort aus der Einpreßmulde nehmen.

Halbkugeln zum Beispiel halten absolut die Form, wenn sie sofort umgedreht und auf die Kante gesetzt werden (78); sie brauchen dann allerdings erst einmal Ruhe und dürfen nicht gleich bearbeitet werden. Man holt die Tonform am besten aus der Einpreßmulde, indem man das Ganze mit Hilfe eines Brettes umdreht und die Tonform herausstürzen läßt (77).

Im Fall einer *Buckelform* wird das Äußere der Einpreßmulde benutzt (79). Wiederum eignen sich hierfür mancherlei Dinge: kleine kompakte Tonformen, Haushaltsgegenstände – oder Gipsformen.

Es gelten hier die gleichen Gesichtspunkte wie bei den Einpreßmulden, das heißt Zuschnitt und Material der Buckelform sind äußerst wichtig. Was den Zuschnitt betrifft, so achtet man darauf, daß sich nirgendwo untergriffige Stellen befinden, zum Beispiel darf die Buckelform nicht von oben nach unten enger werden. Von solch einer Form läßt sich die übergepreßte Tonform nicht abheben. Ist die Buckelform ziemlich hoch, kann das Überformen durch einen pfeilartigen Einschnitt in die Tonplatte wesentlich erleichtert werden (80). Meistens lassen sich die Tonplatten aber strecken, dehnen und stauchen und auf diese Weise der Buckelform mühelos anpassen (82). Besteht die Buk-

79

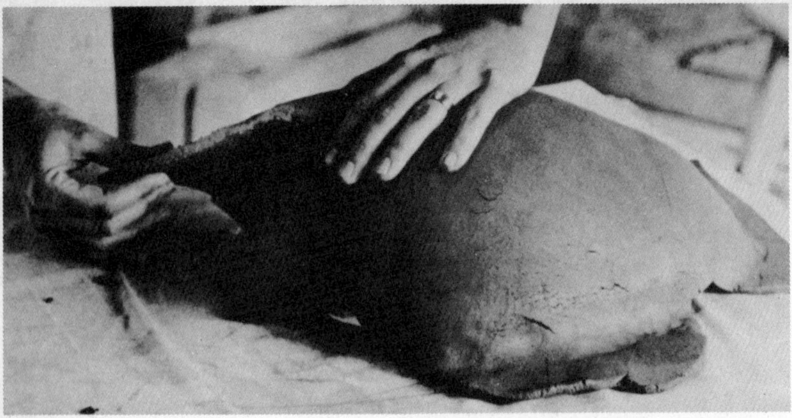

*80*

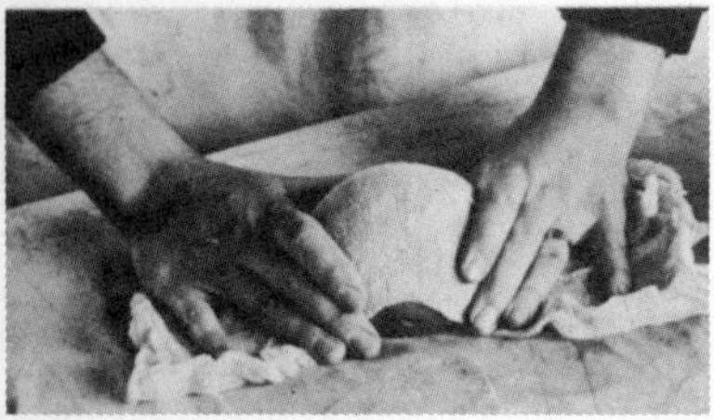

*81*

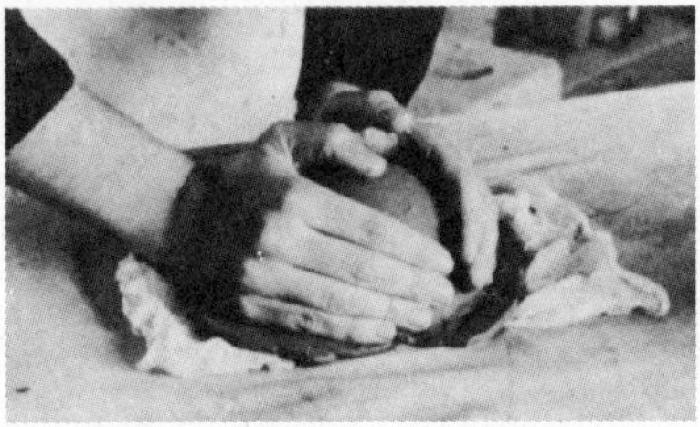

*82*

kelform aus nicht- oder kaum absorbierendem Material, ist ein Futter notwendig (81).
Das Hauptproblem bei einer Buckelform besteht darin, daß der Ton nicht ungehindert schwinden kann (falls nicht eine Schaumstoffschicht zwischengelegt wurde). Das übergepreßte Stück muß folglich so schnell wie möglich abgehoben werden. Geschieht das mit beiden Händen (83) und setzt man die Tonform gleich auf die zugeschnittenen Kanten, so wird nichts beschädigt.

*83*

Außer den Buckelformen können zum Vervielfältigen auch andere Gegenstände benutzt werden, zum Beispiel »stützende Hilfsmittel«, die auf den Seiten 75 bis 78 geschildert werden. Mit solchen Hilfsmitteln lassen sich Formen zwar nicht genau vervielfältigen, aber immerhin noch genau genug, um als Anhaltspunkt für den bestimmten Formtypus geeignet zu sein.
Hilfsmittel wie Einpreßmulden und Buckelformen erweitern die Formvarianten in der Arbeit mit Ton um ein Vielfaches. Dies trifft besonders dann zu, wenn man die oben geschilderten Methoden als Ausgangspunkt für den eigentlichen Formprozeß eines Stückes ansieht. Solche Einzelformen lassen sich miteinander kombinieren, in anderen Aufbautechniken weiterführen, abwandeln oder mit dem Paddel ausarbeiten.

*Anfertigen von Gipsmulden und -formen*

Wie wir gesehen haben, eignen sich mancherlei Dinge zum Ein- und Überpressen von Ton. Geht man ständig mit Preßformen um, lohnt es sich, sie aus Gips anzufertigen, denn kein Material besitzt eine so große Saugfähigkeit wie Gips. Außerdem ist das Herstellen von Gipsformen nicht schwierig, und wenn man sie sorgfältig behandelt, halten sie eine lange Zeit.
Als erstes sucht man eine Form, die dem geplanten Modell schon ziemlich nahe kommt; diese arbeitet man mit Ton weiter aus (84), oder man formt das Modell ganz aus Ton. Das Modell wird dann auf eine flache, saubere Unterlage gesetzt und in einem Abstand von knapp 1,5 cm mit einem Tonwulst umgeben. Anschließend überzieht man alles, auch die Tischfläche und den Wulst, mit Vaseline (85). Den Gipsbrei mischt man entweder

*84*

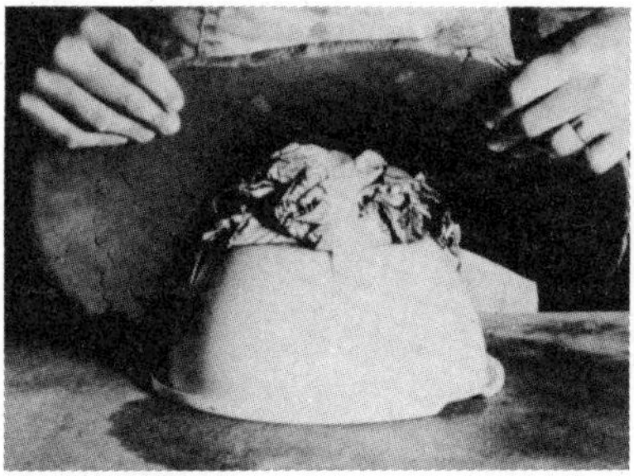

*85*

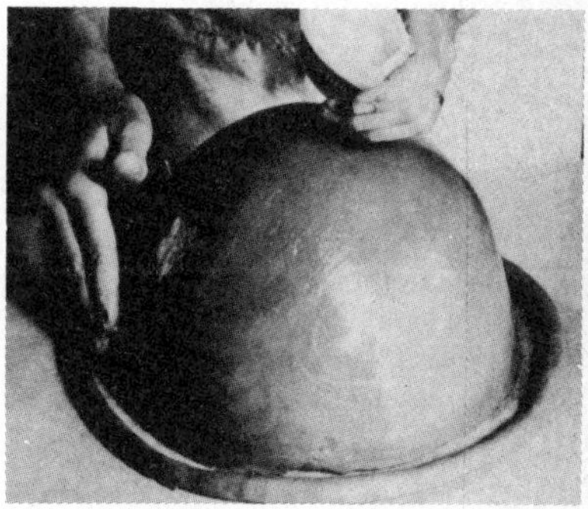

*79–85 Buckelformen*

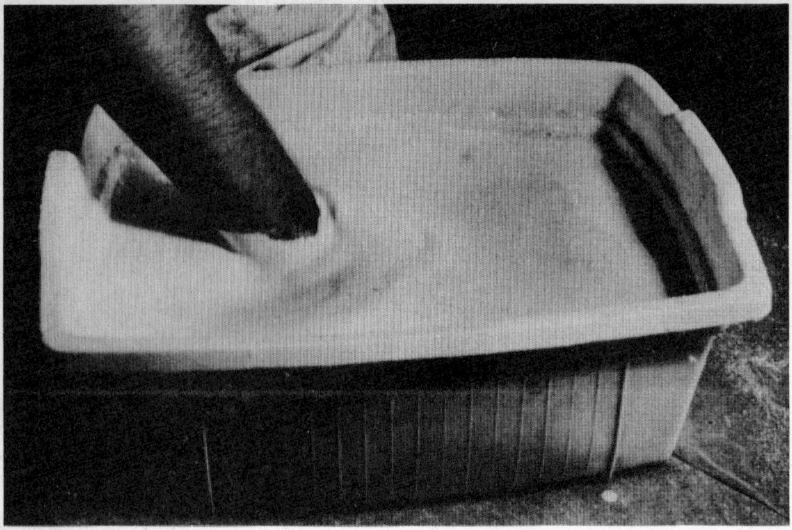

*86 Anrühren von Gips*

entsprechend den Angaben auf der Packung oder folgendermaßen an: Der Gips wird in kaltes Wasser über die ganze Oberfläche hin gleichmäßig eingestreut, und zwar so lange, bis kleine Inseln Gips aus dem Wasser hochkommen. Erst dann senkt man die Hand tief in den Gipsbottich und mischt vorsichtig Gips und Wasser durch Hin- und Herbewegen der ganzen Hand unter Wasser (86).
Ist die Mischung gründlich aufgerührt, wartet man bis zum leichten Andicken und bringt den Gipsbrei sofort auf die Modellform und verarbeitet ihn zu einer Schicht von mindestens 1,5 cm Dicke (87).

Man muß aufpassen, daß der Gipsbrei nicht über den Tonwulst läuft, sondern auf der oberen Kante desselben gestoppt wird. Sobald der Gips sich gesetzt hat, streicht man ihn mit einer Ziehklinge glatt (88).
Anschließend läßt man den Gips härten und trocknen, entfernt den Tonwulst sowie die Modellform und vervollkommnet die Gipsform durch Schaben und Schmirgeln. Der Zwischenraum zwischen Tonwulst und Modell ergibt einen praktischen Griff zum Hochheben (89). Diesen Typ Gipsform – innen wie außen glatt geschmirgelt – kann man als Einpreßmulde und als Buckelform benutzen.

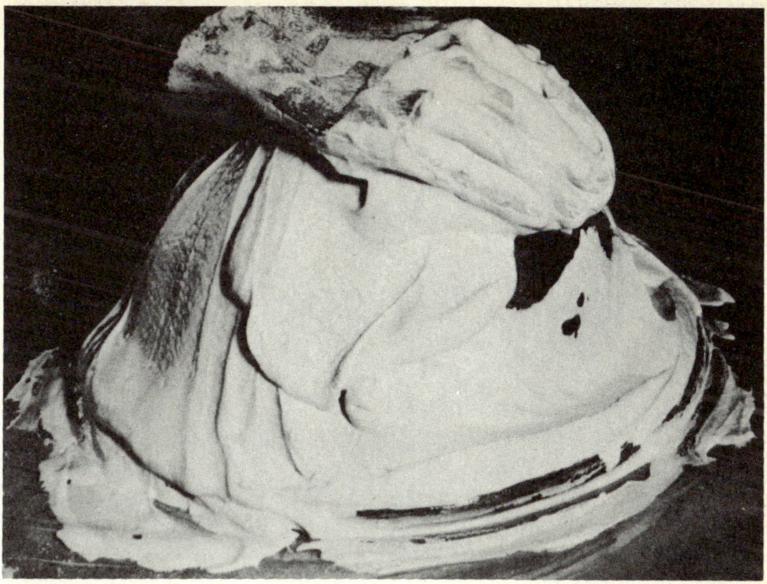

87+88 *Anfertigen von Gipsformen*

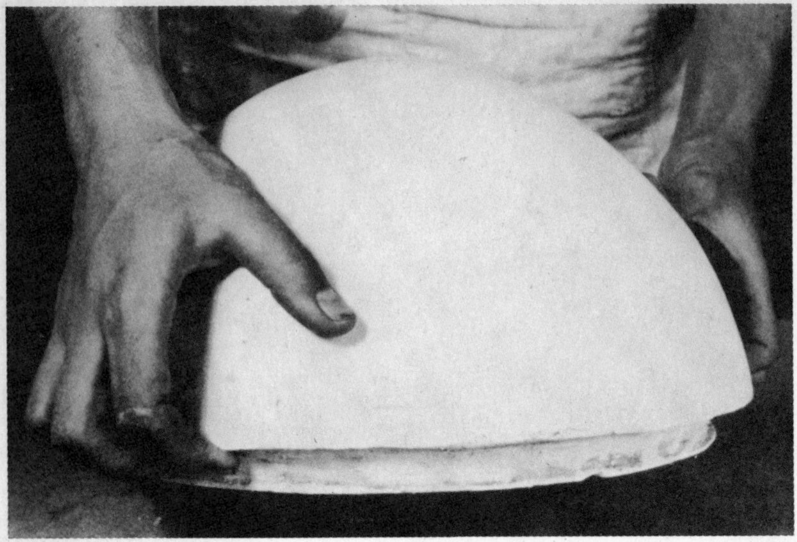

*89 Fertiges Gipsmodell*

Sollen Gipsplatten zur Wiederaufbereitung oder zum Kneten des Tons angefertigt werden, mischt man nach dem oben geschilderten Rezept einen Gipsbrei und schüttet ihn im Augenblick des beginnenden Stockens in eine vorbereitete Form. Diese Form sollte stabil und ohne Löcher sein; auch die Vaselineschicht darf nicht vergessen werden, sonst löst sich der Gips nicht von der Form ab.

Wenn auch Gips aufgrund seiner großen Absorptionsfähigkeit das ideale Material für Einpreßmulden, Buckelformen und Knetunterlagen darstellt, muß man trotzdem stets bedenken, wie gefährlich es ist, wenn sich Gips in den Ton mengt. Selbst das kleinste Gipsteilchen nimmt immer wieder – auch noch im keramischen Scherben – Wasser auf, dehnt sich und verursacht ziemlich große Absprengungen in der Tonwandung und später im Scherben; deshalb sollte man sorgfältig jede Verunreinigung der Tonmasse durch Gips vermeiden.

*Aufbauen mit lederharten, großen Platten*

Als lederhart bezeichnet man den Zustand zwischen plastisch und knochentrocken. Der Ton hat dann zugunsten der strukturellen Kraft an Plastizität verloren. Lederhart ist jedoch als ein relativer Begriff zu betrachten. Es ist eine Phase, die vom schrittweisen Verlust der Plastizität bzw. annähernder struktureller Stärke bis zum totalen Verlust der Plastizität und einer Strukturhärte von etwa Holz reicht.

Lederharter Ton verhält sich völlig anders als plastischer und muß deshalb auch anders behandelt und eingeplant werden.

Die wachsende strukturelle Stärke des Tons erlaubt beim Verarbeiten größere Kühnheit.

Die einzelnen Aufbauelemente können größer, die Formen möglicherweise komplizierter sein als beim Arbeiten mit plastischen Tonelementen. Die geringere Plastizität dieser im übrigen gleichartigen Aufbauteile kennzeichnet auch das äußere Bild der geformten Stücke; sie erscheinen straffer und herber. Klare Konturen anstelle von eher fließenden Linien sind die Hauptmerkmale der Stücke aus lederhartem Ton. Diese Eigenschaften lassen sich – wenn man es möchte – durch vorheriges, sorgfältiges Planen teilweise mildern. Platten zum Beispiel können in plastischem Zustand gebogen, texturiert oder anderweitig geformt werden, um später als lederharte Elemente zu fließend organischen oder geometrisch präzisen Formen zusammengebaut zu werden.

Beim Aufbauen aus lederharten Teilen zeichnen sich zwei Grundtechniken ab: 1. Das Zusammensetzen von flachen, lederharten Platten (90 bis 93) oder 2. das Zusammensetzen von in plastischem Zustand verschieden geformten, lederharten Baueinheiten (94 bis 96).

Das Zusammensetzen als solches unterscheidet sich in beiden Fällen nicht voneinander. Beim Konzipieren einer aus lederharten Platten zusammengefügten Form ist es für die Gesamtstruktur viel besser, wenn man in den Kategorien von Ton und nicht von Holz denkt und plant. Denn wo auch immer lederharte Tonplatten verarbeitet werden, sollte man doch darauf achten, daß – falls eben möglich – leichte Schwingungen und Wellen innerhalb der geraden Flächen bestehen bleiben. Auf diese Weise kann der Ton den Spannungen beim Trocknen und Brennen leichter entgegenwirken.

Beim Zusammensetzen der lederharten Platten und anderen Baueinheiten sind zwei Überlegungen wichtig:

1. Alle einzelnen Teile müssen annähernd die gleiche Konsistenz besitzen. Wegen der unterschiedlichen Schwindung würde eine Kombination von plasti-

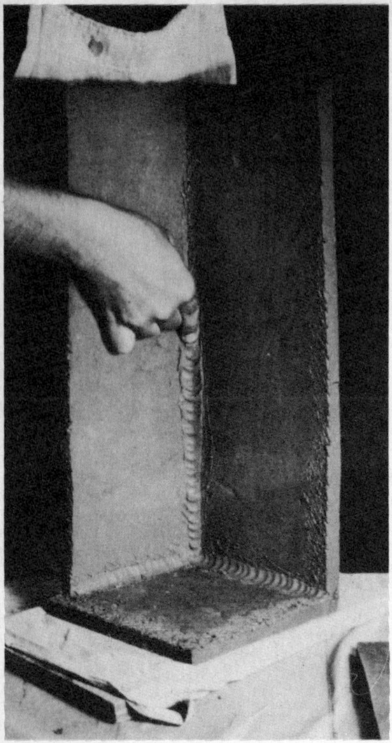

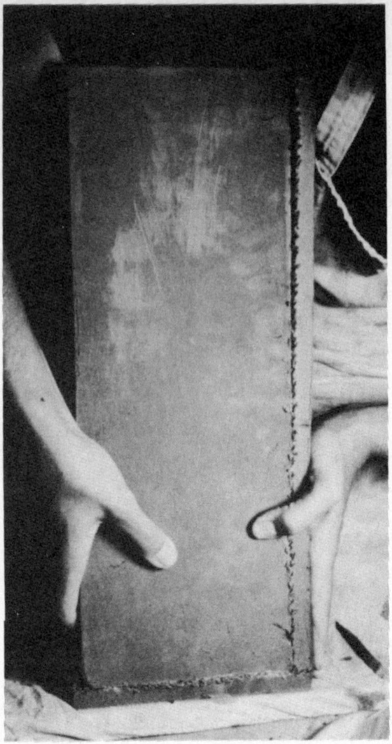

*90–93 Phasen der Zusammensetzung von Platten* 91

schen mit lederharten Elementen unweigerlich zu Rissen und Verformungen führen.

2. Sauberes, sorgfältiges Verfugen der Einzelteile ist von größter Wichtigkeit, weil bei nachlassender Plastizität das Risiko der gefugten Stellen beim Trocknen und Brennen wächst. Alle Verbindungsflächen müssen aufgekratzt und eingeschlickert werden unter sorgfältiger Rücksichtnahme auf die kritischen Stellen, wo die Platten aufeinanderstoßen und Verstärkungen den lederharten Ton berühren (90, 94). Die Kanten schneidet man am besten auf Gehrung, damit die Kontaktflächen so groß wie möglich ausfallen (95), preßt die Nahtstellen ganz fest zusammen (91, 96) und klopft sie mit dem Paddel (92). Man muß aufpassen, daß die Klopfbewegung so verläuft, daß die Teile wirklich zusammengepreßt werden.

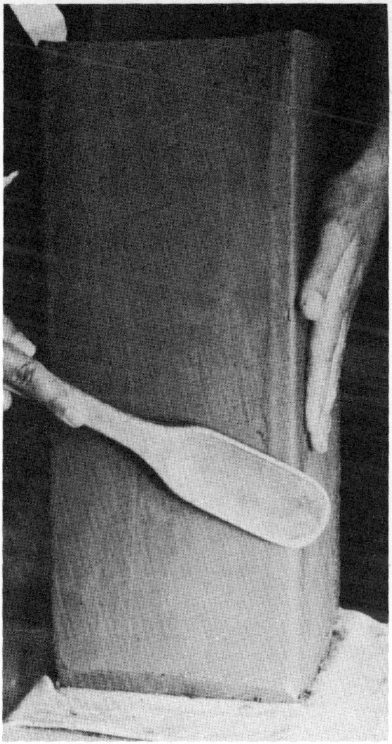

92

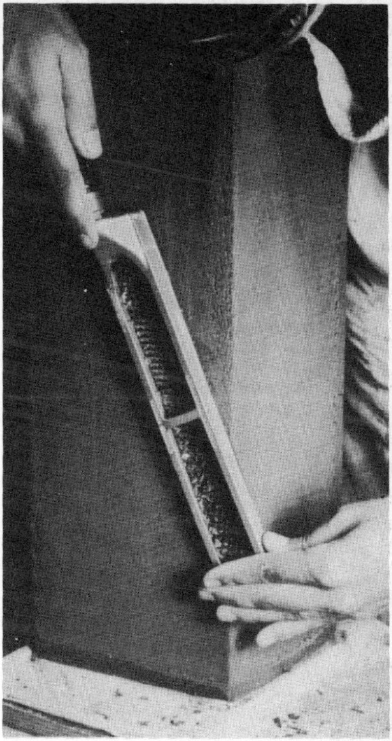

93

Die Verbindungsstellen kann man auf verschiedene Weise behandeln; sie können sichtbar bleiben, besonders ausgeprägt werden oder gar im Gefäß total verschwinden (siehe Seite 30; Abb. 20). Zum präzisen Ausarbeiten der Kanten benutzt man überformende Holzwerkzeuge (93), soll das Stück weniger scharfe Konturen haben, rundet man Ecken durch Paddeln oder Schaben leicht ab (92).

Das Zusammensetzen von lederharten Teilen ist nur ein Abschnitt im gesamten Formprozeß. Am Anfang steht die vorbereitende Phase, darauf folgt das Zusammensetzen, und erst dann beginnt man mit dem Verfeinern und dem eigentlichen Ausarbeiten der Form. Nun kann man die Oberfläche texturieren, durch Paddeln wesentliche formale Änderungen durchführen und verschiedene Formen und Techni-

*94*

ken miteinander kombinieren. Die Arbeit mit lederharten Platten oder mit lederharten, im plastischen Zustand vorgeformten Teilen ist die von professionellen Keramikern bevorzugte Formmethode. Sie bietet die Möglichkeit, sowohl die Plastizität des Tons als auch seine lederharte strukturelle Kraft für eine Vielfalt an Formen voll auszuschöpfen, von den frei fließenden bis zu den herb gestrafften – vom ganz Einfachen bis zum äußerst Komplizierten.

95

96

## Die Arbeit mit dem Paddel

Mit dem Paddel werden häufig die Fugennähte eingeklopft und verstärkt, aber auch die Oberflächentextur einer Tonform überarbeitet und gestaltet (siehe Seite 97; Abb. 103). Das Paddeln nimmt oft sogar beim Formprozeß den wichtigsten Platz ein. Bereits geformte Stücke können durch Paddeln eine wesentliche Änderung erfahren (97); sie können sensibler und ausdrucksvoller werden. Die Paddelarbeit führt manchmal zu intensiven und höchst ausgewogenen Formen, und sie ermöglicht zahllose Variationen aus ein und derselben Grundform (97).

Die Ausgangsform für die Bearbeitung mit dem Paddel mag beliebig hergestellt werden, dennoch sollte man die Grundproportionen des fertigen Stückes berücksichtigen. Wieweit eine Form sich überhaupt durch Paddeln verändern läßt, hängt sehr von der jeweiligen Tonkonsistenz ab. Meist wird ein Stück im weich-lederharten Zustand oder im lederharten gepaddelt. Der Ton gibt dann nur an der Stelle nach, wo das Paddel ihn bedrängt, und das erleichtert die Arbeit.

Wichtig sind das richtige Paddelwerkzeug und die richtige Handhabung desselben. Wie ich bereits in meiner Schilderung der allgemeinen Töpferwerkzeuge (Seite 17) erwähnt habe, ist es schwierig, wenn nicht gar un-

*97 Arbeiten mit dem Paddel*

möglich, ein Paddel in den Werkzeugläden zu finden – auch nicht in den entsprechenden Abteilungen der bestausgerüsteten Firmen für Töpferbedarf. Meist benutzt man Paddel, die eigentlich für andere Zwecke gedacht sind: Löffel, Baseball-Schläger usw.; oder der Töpfer stellt sein Paddel selbst her.

Im großen und ganzen ist Holz das beste Material für ein Paddel; Holz absorbiert Feuchtigkeit und besitzt auch das notwendige Gewicht. Die Paddel müssen in ihrer Größe dem jeweils unterschiedlichen Volumen der zu bearbeitenden Stücke angepaßt sein. Je größer die Form, desto größer auch das Paddel; flache Paddel für flache Stellen (mit glattgeschmirgelten Kanten, um Kerben zu vermeiden) (98); für Konkavformen konvex geschnittene Paddel usw. (99).

Man klopft mit dem Paddel in kurzen, dicht beieinander liegenden Schlägen aus dem Handgelenk heraus. Das Paddel sollte wie eine verlängerte Hand empfunden werden, die sich rund um die Form bewegt. Sehr wichtig ist

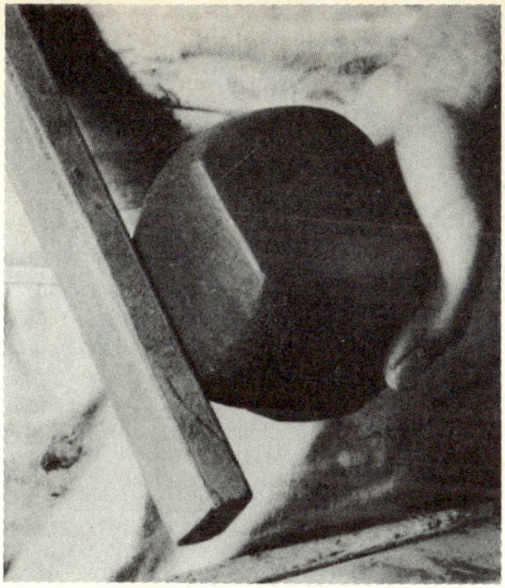
98

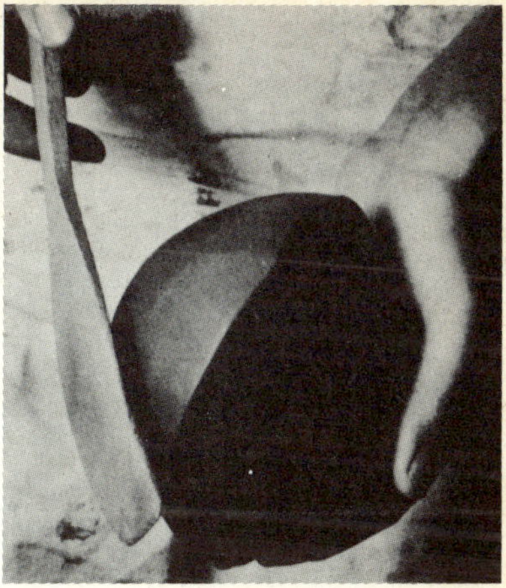
99

100

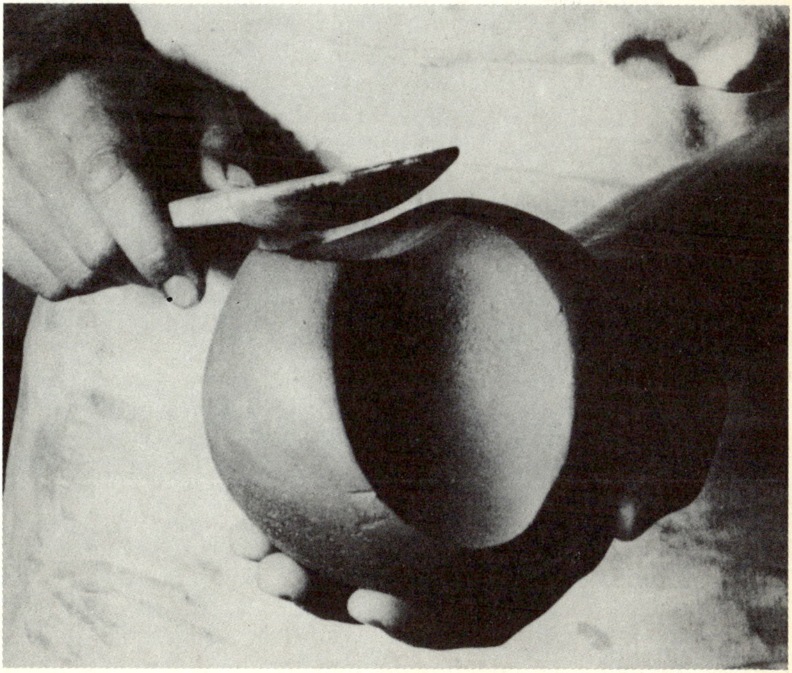

*101 Auskerben der Tonoberfläche*

das Sauber- und Trockenhalten des Paddels, damit klare Abdrükke auf der Oberfläche erscheinen und der Ton nicht festbackt. Wenn irgend möglich, begegnet man dem Druck des Paddels auf der Form außen mit einem Gegendruck der Hand innen.
Für mich bedeutet Paddeln, eine Form restlos zu beherrschen: Flächen können abgewinkelt und Rippen spitz oder konisch herausgeholt werden (100); Oberflächen lassen sich texturieren (101), Mündungen (102) wie Standflächen erfahren mit dem Paddel skulpturale Behandlung.
Sanftes Paddeln einer gänzlich abgeschlossenen Form verursacht auf der gegenüberliegenden Seite naturgemäß Bauchungen (durch den Luftdruck im Innenraum).
Interessante Formen entstehen auch durch Paddeln von innen nach außen, obwohl meist in der umgekehrten Richtung gearbeitet wird.
Das Paddeln drängt die Tonteilchen enger zusammen, was die betroffenen Stellen oft feucht erscheinen läßt. Wenn der Ton gummiartig wird, läßt man die Arbeit etwas trocknen.

*102*

Beim Paddeln einer abgeschlossenen Form vermindert sich oft das Innenvolumen; deshalb sollte eine kleine Öffnung zum Entweichen der überschüssigen Luft vorgesehen werden.
Die Paddeltechnik bleibt – soviel ich weiß – einzig und allein dem Ton vorbehalten. Holz, Gips und Stein wollen geschmirgelt, geschabt und ausgehöhlt werden. Ton jedoch lenke ich mit meinem Paddel ohne großen Kraftaufwand, wohin ich will.

# Die Behandlung der Oberflächen

Die Oberfläche einer unglasierten Keramik verrät – oft mehr als die Form –, ob wir es mit einem erfahrenen Keramiker zu tun haben oder nicht. Damit ist weniger die professionelle Routine gemeint, sondern die enge Vertrautheit mit dem Ton, wie ich sie bereits vorher schon erwähnt habe. In diesem Kapitel möchte ich drei verschiedene Aspekte der Oberflächenbehandlung vorstellen. Es handelt sich darum, wie man die Frische und Unberührtheit der Tonoberfläche möglichst erhält, wie man die Oberfläche beherrschen lernt und welches die gebräuchlichsten Methoden zum Texturieren der Oberfläche sind. Ich beschränke mich hier auf die Behandlung von Oberflächen im plastischen und lederharten Zustand und gebe nur einen kleinen Ausschnitt aus den zahllosen Möglichkeiten von Oberflächenbehandlung an und für sich. Sowohl Glasieren und Färben als auch unterschiedliches Brennen wirken zutiefst am Ausdruck keramischer Oberflächen mit und bestimmen weitgehend das Wesen eines Stückes.

**Wie man eine Oberfläche frisch erhält**

Um das frische Aussehen des Tons zu erhalten, sind einige allgemeine Vorsichtsmaßregeln notwendig. Eine davon ist uns aus der Hausarbeit geläufig: Werkzeuge – insbesondere Paddel – und die Arbeitsfläche selbst müssen absolut sauber gehalten werden, frei von trockenem Ton und irgendwelchem Staub und Schmutz. Schlägt man eine Tonplatte auf einem glatten, sauberen Tuch aus, zeigt sie jene dichte, lebendig wirkende Oberfläche, wie sie für Ton so typisch sein kann, aber es genügen ein paar trockene Krümel, und schon ist dieser Ausdruck zerstört. Frische und Klarheit gehen meist dann verloren, wenn der Ton im plastischen Zustand zuviel angefaßt und mit ihm unnötig hantiert wird; aber auch eine gewisse Gedankenlosigkeit beim Berühren des Tons spielt eine Rolle. Jedes Berühren hinterläßt eine Spur, wie ein schwarzer Stempel auf weißem Papier. Disziplin und Sich-Üben in jenem behutsam sicheren Zugreifen sind wesentliche Voraussetzung für alles andere.

## Beherrschen der Oberfläche

Selbstverständlich muß man den Ton bei der Arbeit anfassen. Wie aber erhält man die Frische der Tonoberfläche? Jenes unberührte, jungfräuliche Aussehen läßt sich weder bewahren noch zurückgewinnen; statt dessen kann man die Oberfläche so behandeln, daß sie geschlossen und ruhig wirkt. Ich benutze für diese Arbeit das Paddel. Beim Paddeln wird die Oberfläche durch Zusammendrängen der Tonpartikelchen verdichtet und gleichzeitig in der Linienführung gestrafft. Je feuchter der Ton beim Paddeln ist, desto glatter fällt die Oberfläche aus. Werden alle kleinen Erhebungen des Tons flach eingeklopft, bleiben trotzdem Kerben und Vertiefungen, die der Oberfläche zwar ein vom Keramiker gelenktes, aber lebendiges Aussehen verleihen (103).

Weiterhin läßt sich eine Tonoberfläche durch Schaben mit einer Metallschiene oder einem hölzernen Modellierwerkzeug behandeln. Dabei kann jede Unebenheit verschwinden; es kann aber auch – besonders beim Schaben von lederhartem Ton – die Schamotteteilchen freilegen. Wenn die Bewegung des Schabewerkzeugs dem fließenden Rhythmus der Form folgt, kann es diese wesentlich verbessern.

Nicht so ratsam ist das Reiben der Oberfläche mit einem feuchten Schwamm oder mit Finger und Hand. Es passiert dabei zu leicht, daß die feine Tonsubstanz weggewischt wird und Buckel oder Einkerbungen nur vorläufig überdeckt werden. Am sichersten kommt man zu einer glatten und kontrollierten Oberfläche durch ein kombiniertes Verfahren von Schaben und Paddeln.

Das Abpassen des richtigen Zeitpunkts ist ein weiterer wichtiger Faktor bei der Oberflächener-

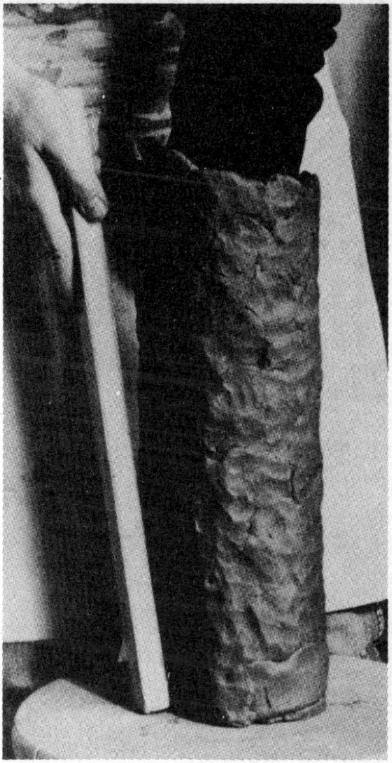

*103 Oberflächenstruktur nach dem Paddeln*

neuerung. Selbstverständlich gibt es keine festen Regeln, aber ich habe die Erfahrung gemacht, daß sich die Oberfläche am besten in lederhartem Zustand bearbeiten läßt, wenn der Ton nicht mehr ganz so empfindlich ist, aber noch einen gewissen Plastizitätsanteil besitzt.

**Texturieren**

Die Reaktionsfreudigkeit des Tons wird besonders offenkundig, wenn es sich um die texturierende Gestaltung von Oberflächen handelt. Die Plastizität des Tons erlaubt den Ausdruck metallischer Härte und weicher Stofflichkeit, von Pelz und Leder; die Stacheligkeit der Distel und die Sinnlichkeit der Haut. Texturen auf Ton reichen vom Schroffen und Zerrissenen bis zum höchst Sensiblen und Zarten.

Sowohl plastischer als auch lederharter Ton lassen sich hervorragend texturieren. Trotzdem eignet sich manche Methode

*104*

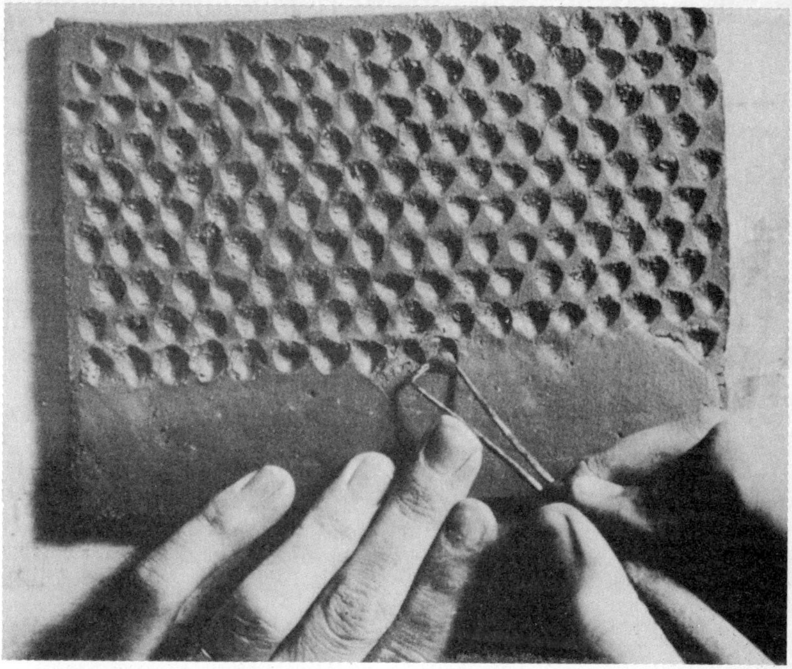

*105 Modellieren der Tonoberfläche*

mehr für die eine als die andere Konsistenz. Auch die Ergebnisse ein und derselben Methode variieren stark bei plastischen und lederharten Tonoberflächen.

Das Texturieren kann man in drei Kategorien unterteilen: 1. Das Wegnehmen von Ton; 2. das Hinzufügen von Ton; 3. das Ändern der planen Oberflächenlinie durch Ein- und Abdrücken ohne Wegnehmen oder durch Hinzufügen von Ton. Das letztere kommt dem Ton besonders entgegen.

Man benötigt zum Auskerben nur ein Minimum an Kraft, ob es sich dabei um plastischen oder lederharten Ton handelt (104). Alle möglichen Werkzeuge wie zum Beispiel Modellierschlingen, Abputzwerkzeuge oder Messer (105) können für diese Technik benutzt werden. Lederharter Ton läßt sich präziser auskerben als plastischer, aber ein Vergleich mit dem Schnitzen von Holz ist hier nicht angebracht. Man muß sich nämlich immer klarmachen, daß beim Wegnehmen von Ton in der Masse strukturelle Schwächen entstehen können.

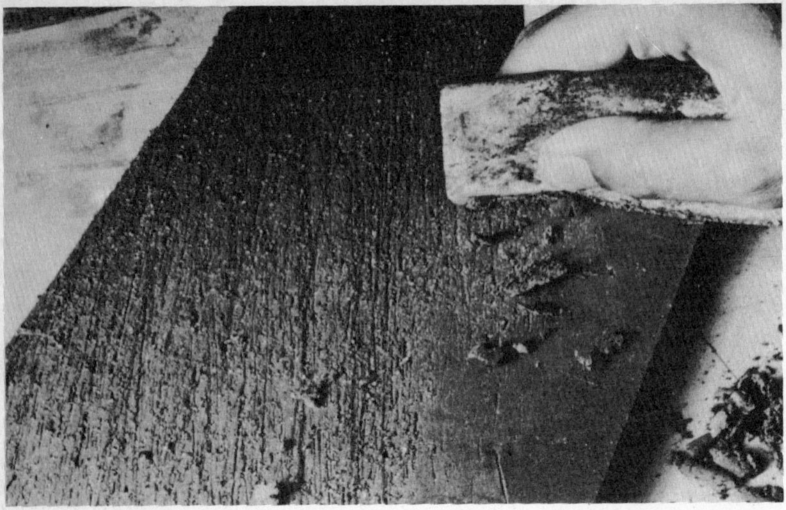

*106 Schaben der Oberfläche*

Auch das Schaben der Oberfläche zwecks Freilegen von Schamotteteilchen fällt in diese Kategorie. Dazu eignet sich am besten Grobschamotteton in lederhartem Zustand. Die Richtung des Schabens muß mit der konzipierten Form in Einklang stehen (106).

Die Oberfläche einer Form oder einer Platte kann durch Hinzufügen von Ton vielseitig gemustert werden (107 bis 109). Das ist im plastischen und lederharten Zustand durchführbar. Fügt man plastischen zu lederhartem Ton, so muß die unterschiedliche Schwindung berücksichtigt werden. Aufrauhen und Einschlikkern darf nicht die schon vorhandene Oberflächentextur beschädigen. Sind die Kontaktstellen schmal, feuchte ich den Ton sogar bei der Verbindung von plastischem mit anderem plastischen Material an. Wülste und Stückchen, die mehr oder weniger obenauf kleben, fallen beim Trocknen leicht ab. Deshalb plane ich meine Texturen so, daß mindestens eine Stelle der aufgesetzten Teilchen glättend in die Oberfläche eingearbeitet werden kann.

Der Ton kann in ganz kleinen, spitzen Röllchen auf die Oberfläche gesetzt werden und wie ein Stachelpelz aussehen (107); er läßt sich frei aufquetschen (108) oder in langen ordentlichen Rippen anbringen; auch andersfarbige eingelegte Tonstückchen und

107

*Variationen im Dekor der Oberfläche*

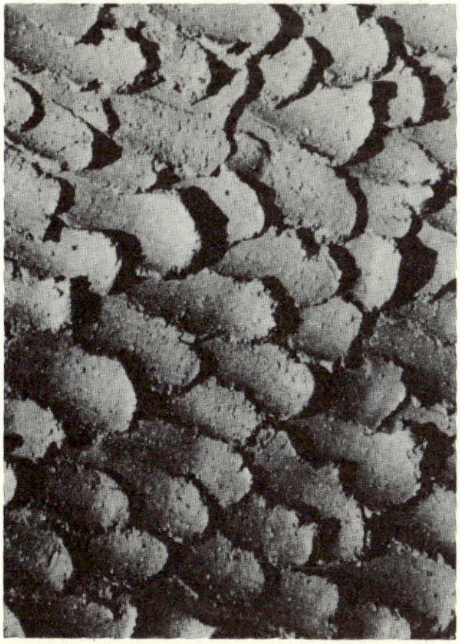

108

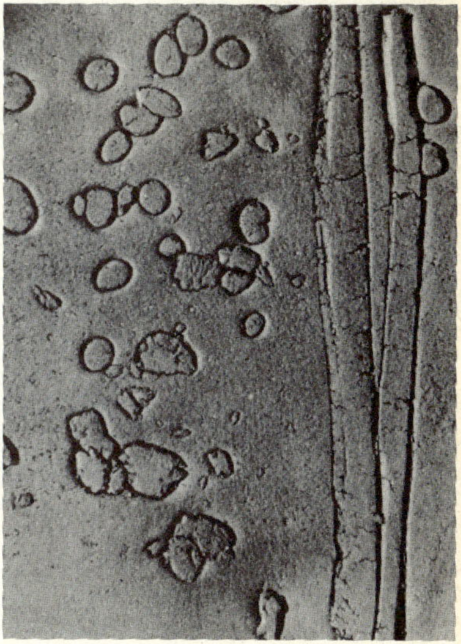

109

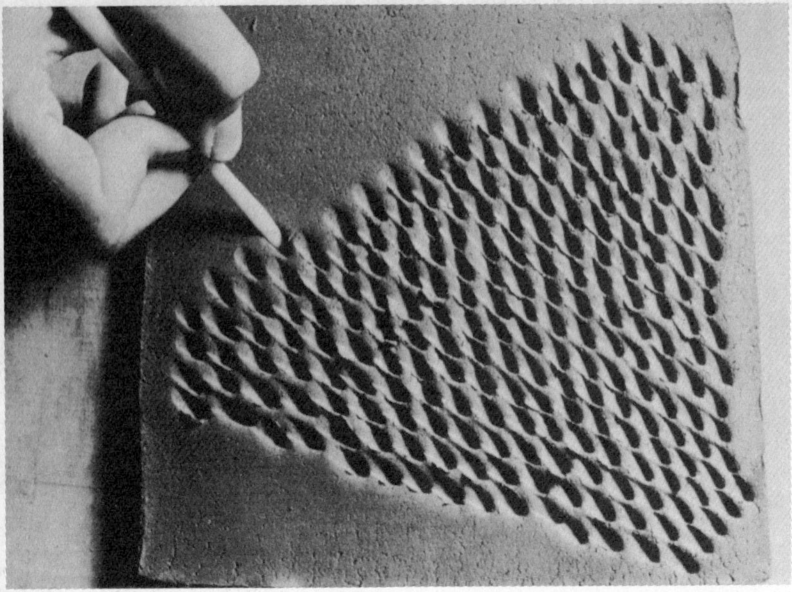

*110 + 111*

112

113

114 + 115

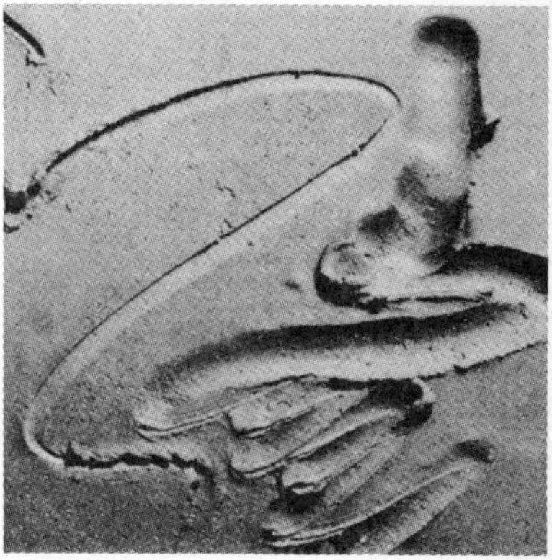

gleichfarbige, doch wesentlich härtere Tonteilchen beleben die Oberfläche: Man rollt sie mit dem Rollholz einfach in die Platten ein (109).

Das Gestalten einer plastischen Tonoberfläche durch Eindrücken oder Abdrücken verschiedener Dinge (110 bis 114) macht das Wesen der Plastizität des Tons in eindringlicher Weise deutlich. Dabei kann man unterschiedlich vorgehen: Der Ton wird mit einem Werkzeug eingedrückt (110); mit einem Stück Holz, zum Beispiel einer Wäscheklammer (111); mit Latten; mit Stempeln (112) oder mit Rollsiegeln (113). Die letzten beiden Werkzeuge lassen sich aus Holz oder Schrühton herstellen oder aus einem Gipsblock schneiden. Erhabene Muster mit feinen Linien erzielt man sogar am besten mit Stempeln oder Rollern. Die Texturen feingewebter Stoffe, kunstvoll ausgearbeiteter Spitze oder grober Leinwand können mühelos durch Aufrollen auf die Platte übertragen werden (siehe Seite

176, Abb. 192, 193). Wenn man den Ton mit einem Werkzeug oder dem Finger nach unten preßt, drängt er sich auch gleichzeitig von selbst nach oben (114). Beim Texturieren muß vorweg immer die Beschaffenheit der Tonoberfläche bedacht werden. Es ist sehr schwierig, eine ermüdete Oberfläche unter Textur zu verbergen, darum dürfte es viel besser sein, den Ton erst einmal zu glätten und zu putzen. Auch spielt die Art der Masse eine große Rolle; geschmeidiger, sehr plastischer Ton erzeugt vollkommen andere Muster als rauher, grobschamottierter.

Wenn man Texturen schafft, spielt man hauptsächlich mit dem Licht. Die Einkerbungen und Rippen werfen Schatten und fangen Licht ein. Ein und dieselbe Textur wirkt in verschiedenen Richtungen total anders. Manchmal tritt das Muster besonders scharf hervor, wenn man die Platte leicht biegt.

Beim Texturieren wird meist ein bestimmtes Musterelement ständig wiederholt (ein Daumenabdruck, ein Stempel usw.). Dabei sind die räumliche Verteilung und die rhythmische Anordnung der einzelnen Elemente von größter Wichtigkeit. Liegen dieselben zu weit auseinander oder wirken sie verstreut, empfindet das Auge sie als Einzelelemente und kann sie nicht als Gruppe oder Einheit erfassen. Am besten experimentiert man so lange, bis man die richtigen Abstände gefunden hat. Da Ton zum Texturieren geradezu ideal ist, verleitet er oft zur Übertreibung. Aber eine Oberflächentextur soll die Form unterstreichen und nicht beherrschen. Zurückhaltung ist daher oft die beste Richtschnur. Obwohl zwischen Bild und Textur ein deutlicher Unterschied besteht, benutzt man die gleichen Methoden für beides. Eine plastische Tonplatte zum Beispiel eignet sich hervorragend zum Zeichnen. Der Ton reagiert auf jede kleinste Druckveränderung, und das zeichnet sich nicht nur in der Dicke, sondern auch in der Tiefe der Linien ab. Eingeschnittene Rippen bereichern außerdem die Qualität der Linien und fügen eine neue Dimension hinzu (115).

Zusammenfassend möchte ich sagen: Die Einheit von Form und Oberfläche stellt für jedes Stück das wichtigste Kriterium dar. Die Reaktionsfreudigkeit und Plastizität des Tons drückt sich nicht nur in der Form, sondern auch in der Oberfläche aus. Auf die richtige Wahl der Oberfläche und die strenge Beachtung der Oberflächenqualität kann bei einer Form gar nicht genug Gewicht gelegt werden; denn die Oberfläche stellt die Haut dar, die eine Form deutlich macht.

# Besondere Formen

## Grundformen

Die vorangegangenen Kapitel in diesem ersten Teil des Buches befassen sich mit den verschiedenen Herstellungsprozessen. Da der Akzent auf den Techniken selbst ruht, sind die einzelnen Formen als solche bewußt nicht erwähnt. Unser jetziges Kapitel wird nun umreißen, welche Techniken für die jeweiligen Formen am besten geeignet erscheinen. Außerdem soll die Herstellung von Formen mit Deckeln beschrieben werden; ferner werde ich die wesentlichen Punkte herausarbeiten, wie man zusammengesetzte und großangelegte Formen behandelt.

*Zylindrische Formen* lassen sich in fast jeder Technik herstellen. Wünscht man eine Außenfläche mit Textur oder Muster, liefert die Technik des Zusammensetzens kleiner Einheiten bereits die Form wie auch die Textur. Für glatte zylindrische Formen von relativ kleinem Maßstab würde ich eine plastische, rund um ein Rohr aus Pappe gewickelte Platte benutzen. Für große zylindrische Formen jedoch scheint das Aufbauen aus kleinen Einheiten, insbesondere aber die erweiterte Quetschmethode, am vorteilhaftesten.

Kleine *becherartige Formen* lassen sich mit der Quetschmethode herstellen. Für den Stiel preßt man eine Platte zu einer engen Röhre.

*Leicht gekurvte, tellerartige* oder *fast flache Formen* sind am besten aus einer plastischen Platte anzufertigen, wobei man eine Buckelform, eine Preßform oder eine Hängematte verwendet.

*Kastenformen* sind ebenfalls am zweckmäßigsten aus Platten herzustellen: kleine Kastenformen aus plastischen Platten, große aus lederharten. Man kann die Außenflächen entweder vor oder nach dem Zusammenbauen texturieren. Hierbei läßt sich auch die erweiterte Quetschmethode anwenden. Durch Paddeln im lederharten Zustand erzielt man eine sehr ausgeprägte, genaue Gestaltung der Ecken.

*Kugel-* oder *Ovalformen* gehören zu den schwierigsten überhaupt. Man gewinnt sie am besten durch Zusammenfügen zweier Teile, die man mit Hilfe der Buckel- oder Preßform herstellt. Auch das Aufbauen aus kleinen Einheiten kann hierzu benutzt werden, wobei man mit einer sehr kleinen Bodenfläche anfangen und dann in sehr vielen Einzelphasen hochbauen muß.

Für schalenartige Gefäße nimmt man zu Beginn einen durch Preß- oder Buckelform hergestellten Rundbogen und baut diesen dann mit der Methode der kleinen Einheiten aus.

## Deckelformen

Formen, die einen Deckel erhalten sollen, scheinen besonders problematisch zu sein; jedenfalls hilft es, wenn man sich die Dekkelform als zwei ineinandergreifende Formen vorstellt. Diese beiden Teile müssen – das ist der wesentliche Punkt – gut ineinanderpassen, wobei der Deckel auf irgendeine Weise vom Gefäß gehalten werden muß, damit er beim Kippen nicht herausfällt. Außerdem sollen Deckel und Behälter ein Ganzes, eine formale Einheit bilden.

Es gibt dabei, unter zahlreichen Möglichkeiten, zwei einfache Methoden, die diesen Erfordernissen gerecht werden: 1. Man

*116–119 Deckelherstellung*

*116*

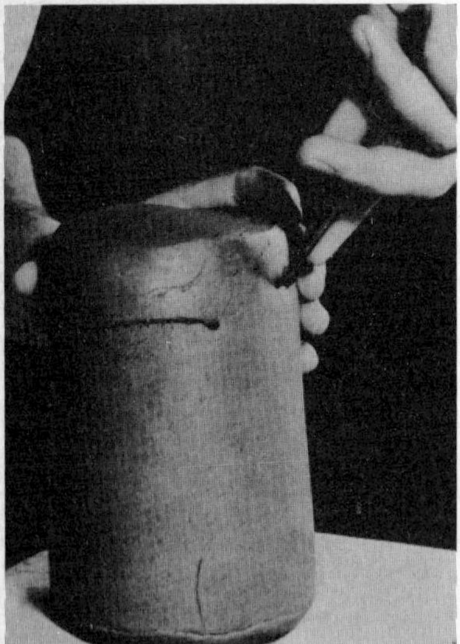

*117*

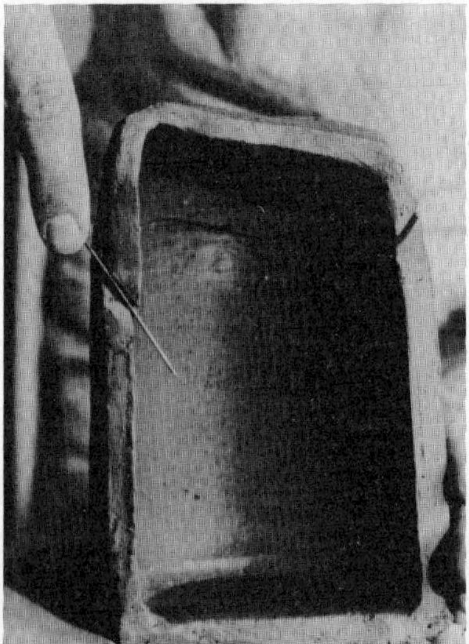

kann Deckel und Behälter in eins konzipieren und herstellen und dann den Deckel abschneiden (116 bis 120), oder 2. man fertigt zunächst den Behälter an und formt dann – auf dem Behälter – den Deckel, bzw. man paßt den Deckel dem Behälter an (121 bis 123).

Im ersten Fall stellt man eine völlig geschlossene Form her; der Deckel wird dann meist im lederharten Zustand herausgeschnitten (116, 118). Wird das Messer beim Schneiden schräg gehalten, genügt normalerweise diese Abschrägung, um dem Deckel auf dem Behälter Halt zu geben (117). Das Messer sollte man in einer einzigen Bewegung durchziehen, so als schneide man durch Butter. Wenn man nämlich mit dem Messer hin und her sägt, wird die abgeschrägte Kante sehr rauh. Zum Abrunden der Schrägkante genügt ein feuchter Schwamm.

*118*

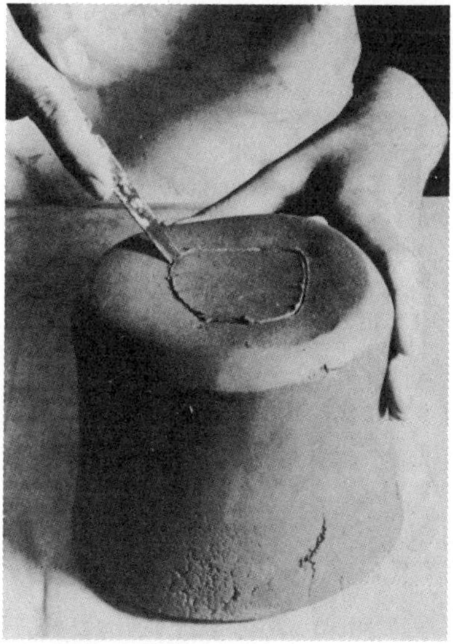

Eine völlig geschlossene Form läßt sich auch mit einem Schneidedraht abschneiden (119). Hierbei erhält man allerdings eine waagerechte Schnittfläche, so daß man an der Innenwand ein Band aus Ton anbringen muß, damit der Deckel Halt findet (120). Dieses Band innen am Behälterrand muß etwas überstehen; dann glättet man den Ton an der Innenfläche nach unten. Dabei sollte die obere Kante des Bandes selbst etwas nach innen – zur Mitte hin – geneigt werden, damit sie das Aufsetzen des Dekkels nicht behindert.

Die Anfertigung von Behälter und Deckel aus einer völlig geschlossenen Form hat den Vorteil, daß der Deckel immer sehr gut sitzt – sowohl in technischer als auch in optischer Hinsicht. Der Schnitt, der den Deckel vom Behälter trennt, kann jeweils nach dem formalen Gesamtaspekt vorgenommen werden; er integriert sich dann, formal gesehen, am besten mit dem Ganzen.

Die zweite Methode zur Herstellung von Deckelformen befaßt sich zunächst mit der Anfertigung des Behälters; anschließend wird dann auf dem Behälter der

*119*

Deckel angefertigt bzw. der fertige Deckel dem Behälter angepaßt.

Zuerst wird also der Behälter geformt; man bringt an der oberen Innenkante ein Band aus Ton an, das dem Deckel Halt geben soll. Dann wird der Deckel direkt auf der Oberkante des Behälters gebaut, wobei ein Tuch als Trennmittel dienen soll (121). Behälter und Deckel müssen als eine Einheit betrachtet, das heißt aufeinander abgestimmt werden (122).

*120 Innenband als Halter für den Deckel*

Um dem Deckel Halt zu geben, bietet sich noch eine weitere Möglichkeit; es läßt sich nämlich an der Innenseite des Behälters eine Art Sitzkante anbringen, auf der der Deckel ruht (123). Hierzu heftet man an der Innenseite einen dreieckig geformten Wulst an. Den Deckel selbst kann man nun entweder einzeln herstellen und entsprechend anpassen oder aber direkt auf der Sitzkante aufbauen. Hierbei ist zu beachten, daß diese Sitzkante – der Extra-Schwindung wegen – etwas breiter als üblich zustande kommt und daß ferner dieser Deckelsitz tief genug im Behälter angebracht wird, damit der Deckel durch die Kante auch Halt findet. Um eine richtig feste Sitzkante zu gewährleisten, arbeite ich meist

*121 Aufsetzen eines separaten Deckels*

122

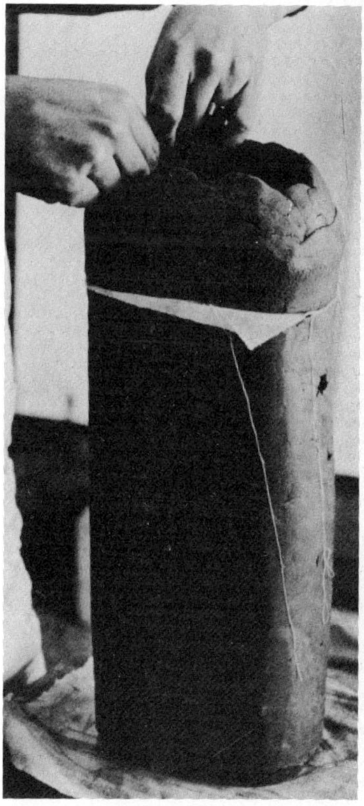

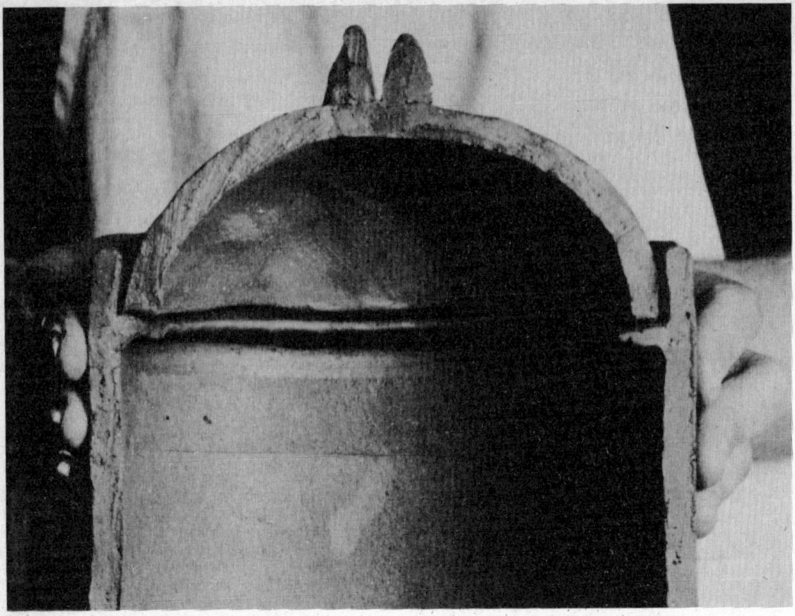

*123*

noch einen zusätzlichen, abstützenden Wulst darunter ein.
Diese beiden Herstellungsverfahren für Deckelformen lassen sich auf vielfache Weise kombinieren und variieren. Außerdem ist es möglich, durch einen verschiedenen Henkeltyp das Aussehen eines solchen Deckelgefäßes radikal zu modifizieren. Es ist ein sehr aufschlußreiches Experiment, wenn man einen bestimmten Behälter mit unterschiedlichen Deckeltypen herstellt. Man muß bei allen Deckeltypen allerdings eines, nämlich die Schwindungsrate, besonders genau in Erwägung ziehen.
Wichtig ist dabei, daß Deckel wie auch Behälter aus einem Ton hergestellt werden, der die gleiche Konsistenz hat. Man sollte nicht zunächst einen Behälter machen, ihn dann lederhart werden lassen und anschließend den Deckel aus plastischer Masse herstellen. Sofern man aber Deckel und Behälter getrennt, das heißt nicht in gleicher Zeitspanne, arbeiten will, muß man das Maß für den Deckel nehmen, wenn der Behälter noch in plastischem Zustand ist.
Deckel und Behälter können fast immer zusammen aufeinander trocknen; meist werden sie auch

als ein Stück gebrannt. Was auch immer dem Deckel als Lager dient, es muß genügend breit angefertigt werden. Auch bei Verwendung von Ton gleicher Konsistenz kann das Formprinzip den Schwindungsgrad beeinflussen. So schwindet der Deckel vielleicht etwas mehr oder auch weniger als der Behälter; daher gilt es, diesem Umstand bei der Planung des Deckellagers Rechnung zu tragen.

**Zusammengesetzte Formen**

Zusammengesetzte Formen gehören zu den schwierigsten überhaupt, sowohl in ästhetischer wie in technischer Hinsicht. Ästhetisch betrachtet ist es niemals leicht, verschiedene Formelemente zu einem zusammenhängenden Ganzen zu integrieren. Die technischen Schwierigkeiten wiederum rühren aus der Tatsache, daß der Ton beim Trocknen schwindet. Deshalb muß im letzteren Falle, um die Schwindungsspannungen zu vermindern oder gar zu beseitigen, besonderes Augenmerk auf die Berührungszonen sowie die Verfugungsmethode, nicht zuletzt auf das »timing« beim Verfugen, gerichtet werden.

Wenn eine zusammengesetzte Form, die eine Ebene an mehreren Punkten berührt, auf eine Tonplatte gesetzt wird, ist die Spannung zwischen den Formen total aufgehoben, weil die Tonplatte während ihres Schwindungsvorgangs – und auch dem der Einzelteile – diese zusammenrückt. Die Einzelteile sollten dabei nicht an der Platte befestigt werden, so daß man sie nach dem Brand abheben kann (siehe Seite 38/39; Abb. 23).

Die Berührungszonen der Einzelteile sollten möglichst groß ausfallen, die Einzelteile selbst sich nach Möglichkeit nicht nur berühren, sondern auch sich ineinander verschränken (siehe Nicholas, Seite 153 und 154).

Das »timing« beim Zusammensetzen der Formen ist ein weiteres Problem. Die Einzelteile sollten zwecks Handhabe hart genug sein und sich selbst tragen können, andererseits bereitet die Verfugungsstelle, je härter der Ton wird, immer größere Schwierigkeiten. Kurz gesagt, man sollte die Einzelteile möglichst frühzeitig verfugen. Natürlich sollten die Einzelteile stets von gleicher Konsistenz sein, um ein ungleichmäßiges Schwinden zu vermeiden. Wenn man Stützen benötigt, nimmt man Ton oder anderes brauchbares Material, das diesen Schwindungsprozeß berücksichtigt.

Damit sich beim Zusammensetzen der Formen keine Lufttaschen bilden und nirgendwo Luft eingeschlossen wird, ist besondere Vorsicht angebracht. Man muß für einen ungehinderten Luftstrom von einem Einzelteil zum anderen wie auch nach außen hin sorgen.

Wichtig ist langsames und gleichmäßiges Trocknen, entsprechend den auf Seite 40 angegebenen Regeln.
Die hier angesprochenen Aufbauprobleme beziehen sich natürlich nicht nur auf zusammengesetzte Formen, aber diese gebieten nun einmal weit größere Vorsicht beim Verarbeiten als einfache Formen.

*Jim Stephenson, Große Ziegel-Wand. 2,70 m × 9,60 m. In zweiteilige Muldenform gepreßt*

**Arbeiten im großen Maßstab**
Wenn man von Keramik spricht, denkt man selten an Gestaltung in großem, der Architektur ähnlichem Maßstab. Da der Ton im plastischen Zustand ein scheinbar weiches Material darstellt, im voll trockenen Zustand indessen sehr bröckelig wirkt, kann sich der Bildhauer kaum eine Verwendung für Arbeiten im großen Maßstab vorstellen. Trotzdem ist der Ton als Material für groß konzipierte Stücke genausogut wie jedes andere. Im Gegenteil, er bietet allerhand Vorzüge, wie etwa die relativ geringen Materialkosten, Dauerhaftigkeit, und nicht zu vergessen sein enorm bildsames Ausdrucksvermögen sowie auch die leichte Handhabe der verschiedenen Aufbautechniken. Um auf großer Basis arbeiten zu wollen, bedarf es keiner irgendwie neuen Arbeitsmethoden. Alle bereits erwähnten Formtechniken sind anwendbar, vor allem das Verfahren mit dem Zusammenbau kleiner Einheiten. Wesentlich ist jedoch, daß man sich die Prinzipien der Arbeit mit Ton genau vor Augen hält – insbesondere die mit der Schwindung zusammenhängende Problematik, ferner die Schwierigkeiten, die aus der Strukturschwäche des Tons im plastischen Zustand entstehen. Wichtig sind langsames und gleichmäßiges Trocknen, außerdem die Verwendung einer »offenen« Tonmasse von geringem Schwindungsgrad – dies sind die Voraussetzungen für ein erfolgreiches Arbeiten im großen Maßstab.

*Monolithische Strukturen*
Beim Aufbau monolithischer Stücke spielen der Mangel an strukturellem Vermögen des Tons im plastischen Zustand, seine Zerbrechlichkeit in der knochentrockenen Phase, einschließlich der Gewichtsprobleme, eine große Rolle. Den Mangel an statischer Standfähigkeit, den der Ton im plastischen Zustand aufweist, kann man durch schrittweises Vorgehen in Arbeitsphasen ausgleichen, ferner durch ein inneres Stützgewebe und notfalls auch durch ein äußeres Stützsystem. Andererseits sollte man nicht vergessen, daß der Ton im lederharten Zustand recht kräftig wird und sein eigenes Gewicht sehr gut tragen kann. Zwar weiß ich nicht, wo die Grenzen gesetzt sind, aber ich selbst habe Stücke gebaut, die über 2,40 m groß und etwa 1,5 cm dick waren, ohne daß sie zusammenfielen.
Die Zerbrechlichkeit eines völlig trockenen Stückes wird dann zu einem besonderen Problem, wenn es in den Brennofen eingesetzt werden muß. Man kann es sich erleichtern, indem man das Stück auf einer ca. 2 cm dicken Spanplatte aufbaut und dann mit der Platte in den Ofen transportiert (siehe Seite 187 und 189;

Abb. 205). Man braucht dann das Stück selbst nicht anzufassen. Das Holz brennt weg oder verbrennt zu Holzkohle. (In einem Elektro-Ofen ist dies leider nicht zu bewerkstelligen.)
Das Gewichtsproblem läßt sich dadurch umgehen, daß man das Stück auf einem flachen, rollbaren Karren, einer »Ameise«, aufbaut, so daß es niemals angehoben zu werden braucht.
Natürlich benötigt man für große, monolithische Stücke auch einen entsprechend geräumigen Brennofen. Falls ein solcher nicht zur Verfügung steht, sollte man sich mit der nächstfolgenden Arbeitsmethode befassen: Dem Aufbauen in Abschnitten bzw. der Mehrteilmethode.

*Die Mehrteilmethode*
Das Aufbauen in Abschnitten kann auf dreierlei Weise geschehen.
1. Ein großes Stück wird als Ganzes aufgebaut und dann im lederharten Zustand zu Teilen zerschnitten. Diese Teile müssen nach dem Brand zusammenmontiert werden.
2. Das Stück entsteht in einzelnen, selbsttragenden Einheiten, die ineinandergreifend zusammengefügt werden.
3. Mehrfachteile werden verwendet.
Die erste Arbeitsweise kann zu ernsthaften Problemen führen, weil die fragilen Ganzstücke nur schwer zu handhaben sind und sich auch aufgrund mangelnder struktureller Verstärkungen leicht verziehen. Daher möchte ich nur auf die zweite und dritte Arbeitsmethode näher eingehen.
Die zweite Arbeitsweise des Aufbauens in einzelnen, sich selbst tragenden, hohlen Teilstücken erfordert vor allem ein sorgfältiges Durchplanen. Zunächst muß ich einmal erläutern, was ich unter »einzelnen, sich selbst tragenden Teilstücken« verstehe. Damit meine ich nicht, daß ein Teilstück unbedingt eine Form im eigentlichen Sinn – mit Boden, Wandung und Oberteil – sein muß. Ich will damit lediglich sagen, daß jedes Teilstück eine gewisse Selbständigkeit besitzen muß. Beispielsweise sollte eine Röhrenform – anstelle von Boden und Oberteil – an der Innenseite, oben wie unten, einen Ring haben. Dieser Ring verstärkt die Randkanten und verhindert deren Verziehen. Er ermöglicht auch eine breitere Berührungszone als etwa nur die Randkante allein, nämlich zum späteren Verschlickern bzw. als Ansatzfläche oder -lager, sollte das eine Teilstück stärker schwinden als das andere angrenzende.
Das Hauptproblem ist das Ineinanderverschränken der Teilstükke. Glatt übereinander gestellte Stücke lassen sich sehr viel einfacher aufbauen als Stücke, die sich seitwärts ineinander greifend verschränken. Beim ersten Typ halte ich mich an die bei den Dek-

kelformen erwähnten Arbeitsprinzipien – vor allem an das Verfahren, bei dem der Deckel direkt auf dem Rand des Behälters aufgebaut wird (siehe Seite 107 und 108; Abb. 121, 122). Auf diese Weise kann ich die Teilstücke aufeinander aufbauen und dann nach Fertigstellung für den Brand auseinandernehmen.
Beim Aufbau sich seitlich verschränkender Teilstücke muß man berücksichtigen, daß die Schwindung des Tons diese Stükke eher voneinander trennt, als sie zusammenzieht. Hieraus ergibt sich die große Schwierigkeit, die Teilstücke in ihrem genauen Sitz zusammenzuhalten. Daher ist es ratsam, diese Stücke möglichst einzeln herzustellen und erst im lederharten Zustand miteinander zu verschränken.
Was für eine Technik zum Verschränken der Teilstücke auch benutzt wird, alle Teilstücke müssen die gleiche Konsistenz besitzen und einem gleichmäßigen Trockenprozeß ausgesetzt werden.
Da die Nahtstellen oder auch die Lücken zwischen den Teilstükken selten ganz zum Verschwinden gebracht werden können, sollte man die Verfugungsstellen in das Gesamtkonzept des Entwurfs mit einplanen.
Man kann die Reihe der Arbeiten im großen Maßstab dadurch erweitern, daß man die Aufbaueinheiten auch in einer anderen Richtung als der endgültigen – beispielsweise auf dem Kopf oder auf der Seite stehend – aufbaut. Je nach Größe der Teilstücke lassen sich diese dann im lederharten Zustand in die richtige Position bringen oder auch in der Aufbaustellung in den Brennofen setzen.
Das Arbeiten mit Teilstücken kann höchst reizvoll sein. Vorbedingung ist sorgfältiges Planen und methodisches Vorgehen; man muß jedes Einzelstück aus Vorsichtsgründen vor dem Trokkenwerden gründlich ausmessen, so daß es im Notfall ersetzt werden kann.
Unsere dritte Arbeitsmethode, das Bauen mit Mehrfachstücken, wird im zweiten Teil dieses Buches, Seite 181 ff., in allen Einzelheiten beschrieben.
Große, architektonische Stücke sind oft für die Aufstellung an freier Luft vorgesehen, was die Frage nach der Dauerhaftigkeit gebrannten Tons aufwirft. Einer nach allen Regeln gebrannten Keramik dürfte Wasser nichts anhaben können. In Klimazonen mit Temperaturen unter dem Nullpunkt sollten Keramiken, die bei Irdenwaretemperaturen gebrannt worden sind, nicht draußen bleiben, weil der Scherben meist immer noch porös und wasseraufnahmefähig ist. Wird das Wasser zu Eis, reißt es den Scherben entzwei. Gut gebranntes Steinzeug jedoch hält winterliche Temperaturen fast immer aus, falls sich im Innern der Form kein Wasser ansammelt.

# Aufbauen mit gedrehten Formen

Über das Drehen, genauer gesagt das Freidrehen, kann man nicht in einem einzigen Kapitel eine Abhandlung bieten; wie ich bereits erwähnte, habe ich dieses Thema gründlich in meinem Buch »Töpfern auf der Drehscheibe« behandelt. Für diejenigen Leser aber, die im Drehen Erfahrung besitzen oder solche erwerben möchten, kann ich einige Hinweise geben, wie man mit gedrehten Formen aufbaut. Hierfür möchte ich folgende drei Punkte herausarbeiten: 1. Das Ändern einer gedrehten Form; 2. das Kombinieren gedrehter Teile mit aufgebauten Teilen; 3. ferner das Kombinieren gedrehter Teile – entweder ganzer Stücke oder von Teilen davon.

Bei diesen Verfahrensweisen brauchen wir, das scheint mir wichtig, keine neuen Aufbautechniken; sie stellen lediglich Variationen bereits bekannter Methoden dar. Deshalb treffen auch hier alle grundsätzlichen Regeln über Verfugen, Wandstärke, Trocknen usw. zu, nicht anders als bei den Arbeitsmethoden weiter vorn im Buch. Der durch Drehen hergestellte Teil sollte dabei wie ein Aufbauteil betrachtet werden, der – für gewöhnlich im großen Maßstab – sich meist im lederharten Zustand befindet, weil ein frisch gedrehtes Stück sich wohl kaum handhaben läßt.

*Kombinierte Gefäße*

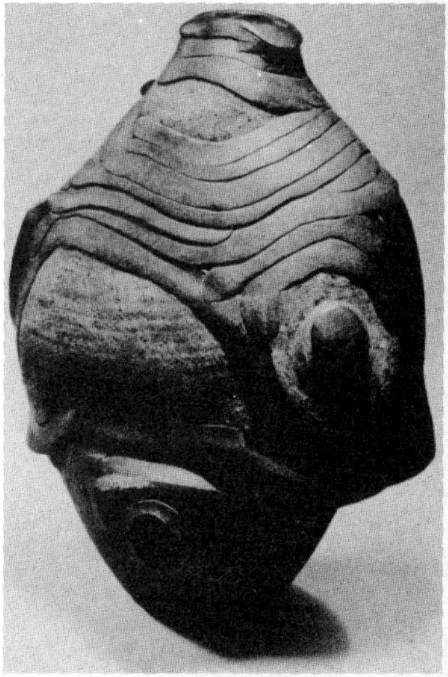

*Hélène Gagné, Steinzeugvase. 47 cm × 32 cm.*
*Arbeitsweise: Gedrehte Teile wechseln mit Wulstpartien – durch Paddeln flachgeklopft – ab*

## Das Ändern einer gedrehten Form

Ich selbst ändere eine gedrehte Form am liebsten durch Paddeln. Wie auch bei aufgebauten Formen geschieht das Paddeln am besten dann, wenn der Ton lederhart und die Form abgedreht ist. Die stets runde, symmetrische Form des gedrehten Stückes kann auf diese Weise zu einer großen Bandbreite von Abwandlungen variiert werden. Auch das Texturieren und Umformen, das kurz nach dem Drehen vorgenommen wird, gehört in diesen Bereich.

*Penny Hood Hoagland, Porzellanvase. 16 cm × 16 cm.*
*Arbeitsweise: Gedrehter Boden mit aufgesetzten Wülsten*

## Das Kombinieren gedrehter Teile mit aufgebauten Teilen

Das Kombinieren gedrehter Teile mit aufgebauten Teilen eröffnet vielfältige Möglichkeiten. Man beginnt zum Beispiel mit einer gedrehten Form und vervollständigt sie durch Aufbauen, vor allem mit kleinen Einheiten wie Wülsten. Umgekehrt läßt sich auch eine aufgebaute Form mit einem gedrehten Teil obenauf abschließen. Gedrehte und aufgebaute Teile können sich außerdem in verschiedenen Staffelungen miteinander abwechseln.

Das Verhältnis aufgebauter Teile zu den gedrehten ist sehr unterschiedlich: Gelegentlich sieht man an der gedrehten Form nur ein paar aufgebaute vorspringende Teile, dann wiederum gibt es aufgebaute vorspringende Stükke, bei denen die gedrehten Teile fast völlig verschwinden. Auch die Übergänge können sehr verschieden ausfallen: manchmal abrupt, manchmal allmählich und gradweise.

Zu beachten ist auch hier, daß die zu verbindenden Tonmassen die gleiche Konsistenz besitzen. Der empfindliche gedrehte Teil kann meist erst im lederharten Zustand bearbeitet werden; falls man aber lederharte und plastische Stücke gleichzeitig verarbeiten muß, sind die dabei auftretenden Spannungsverhältnisse zu berücksichtigen. Hier sind auch behutsames Verfugen und langsames Trocknen wichtig.

**Das Kombinieren verschiedener gedrehter Teile**

Wenn man verschiedene gedrehte Teile miteinander kombinieren will, muß man sich nach den gleichen Erwägungen und Regeln richten, die schon im Zusammenhang mit großen lederharten Formen erwähnt wurden – besonders an die unter »Zusammengesetzte Formen« genannten. Es lassen sich sowohl ganze Stücke miteinander kombinieren als auch aus bestimmten gedrehten Formen herausgeschnittene Teilstücke. Diese Formen können ineinandergreifend verschränkt, aufeinander gestülpt und gestapelt oder auch nebeneinander gruppiert werden.

Wichtig sind dabei gründliches Anrauhen, Verschlickern, eine große Kontaktzone und verstärkte Fugen. Um die Formen einander anzugleichen und anzupassen, kann man den Paddel verwenden, so auch um einen gleichmäßigen und allmählichen Übergang zu schaffen, wo ein solcher notwendig erscheint, fer-

*Elsbeth S. Woody, Arch (Bogen). Steinzeug. 1,50 m × 2,10 m × 60 cm. Arbeitsweise: Mitte Kombination aus gedrehten Teilen, Arme erweiterte Quetschmethode*

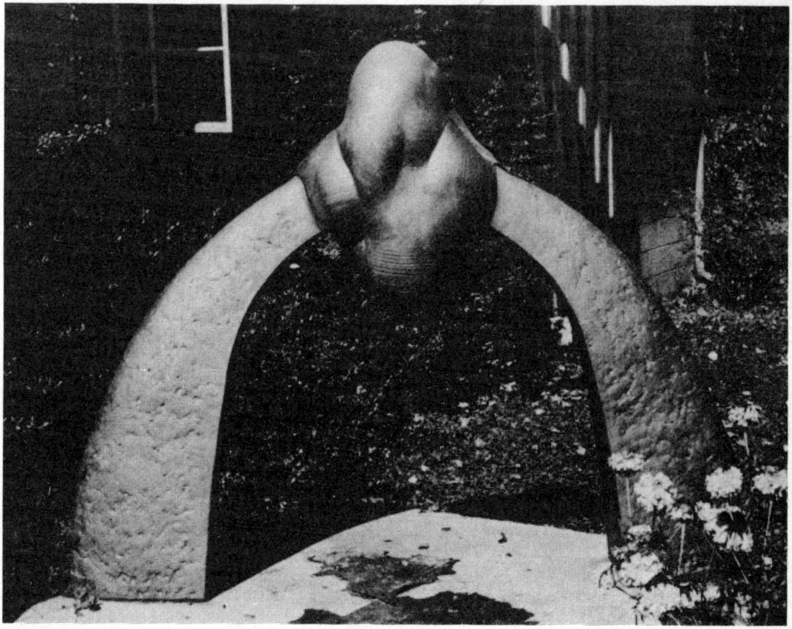

ner um die Verfugungen kräftiger zu machen.
Entweder kombiniert man diese gedrehten Teile in einer Weise, daß sie ihre Eigenständigkeit als in sich fertige Form behalten, oder aber man montiert sie derart, daß sie ineinander übergehen, sozusagen ihre Individualität zugunsten des großen Ganzen aufgeben.
Wenn auch die Verwendung gedrehter Teile bei Handbautechniken keine besonderen Neuigkeiten in technischer Hinsicht aufweist, zeigen die daraus entstehenden formalen Ergebnisse doch charakteristische neue Züge auf. Das Symmetrische und Vollgerundete gedrehter Formen vereinigt sich hier mit der Vielfalt und dem Abwechslungsreichtum des Aufbauens.

# Zehn Möglichkeiten des Aufbauens

Der erste Teil dieses Buches hat sich mit den verschiedenen Herstellungstechniken der Tonarbeiten befaßt. Das Hauptgewicht lag auf Formprozessen und unterschiedlichen Verfahrensweisen. Es wurde in diesem Zusammenhang absichtlich vermieden, den Leser durch Herausstellen besonderer künstlerischer Formen zu verwirren.

Im zweiten Teil hingegen möchte ich zehn verschiedene Keramiker vorstellen und zeigen, wie sie berufsmäßig die vorher geschilderten Formtechniken anwenden, variieren und kombinieren. Außerdem möchte ich bei jedem Künstler die wichtigsten Stufen in der Formgestaltung eines bestimmten Stückes von Anfang bis Ende mitverfolgen und zusätzlich weitere Beispiele aus der Arbeit eines jeden geben. Dabei verfolge ich eine doppelte Absicht: Die Techniken sollen in ihrer praktischen Anwendung vorgeführt werden; besonders jedoch liegt mir daran, im Leser ein Gefühl für den Arbeitsablauf zu wecken, für den Weg, den stufenweise ein Werk durchläuft, von der Konzeption einer Idee bis zum letzten Vervollkommnen des fertigen Stückes. Auch möchte ich gern das individuelle Verhalten eines jeden Künstlers gegenüber seinem Material und den von ihm bevorzugten Techniken deutlich machen.

Ich hoffe, daß dieses Freilegen einer Arbeit unter den obengenannten Aspekten sich nicht in simpler Nachahmung niederschlägt, sondern den Leser zur eigenen Erforschung des Tons anreizt und zu selbständigen, unverwechselbaren Formen und Ausdrucksmöglichkeiten führt.

Vieles konnte hier nicht berücksichtigt werden. Bei der Auswahl der Künstler habe ich mich bemüht, eine möglichst große Bandbreite der einzelnen Techniken unterzubringen. Es soll in keiner Weise als ein Überblick über Stile und Richtungen der zeitgenössischen keramischen Kunst angesehen werden.

# Elaine Katzer

Der Bau von großen keramischen Wänden kann vielschichtige Probleme mit sich bringen. Gewöhnlich baut man die Projekte auf dem Fußboden oder einem großen staffeleiartigen Gestell; was mir aber viel wichtiger erscheint, man baut sie meist in einem vollen Stück. Wenn das Ganze fertig geformt ist, wird es dann zum Trocknen und Brennen in Teile geschnitten. Handelt es sich um ein Hochrelief, müssen die Teile einzeln von hinten ausgehöhlt werden, bevor der Ton zu hart geworden ist. Für solch eine Arbeit braucht man nicht unbedingt ein großes Studio, aber die Höhe bzw. Tiefe des Reliefs – zumal es anfangs kompakt ist – verlangt doch bestimmte Voraussetzungen.

Elaine Katzer hat die Hauptprobleme dieser Arbeitsweise gelöst. Anstatt das ganze Projekt in einer kompakten Form zu gestalten, die hinterher zum Trocknen und besseren Hantieren in Teile geschnitten und ausgehöhlt wird, baut die Künstlerin jedes Teilstück als selbständige geschlossene Form, die mit der angrenzenden verschränkt wird (124). Diese Teilstücke werden von ihr in erweiterter Quetschmethode als Hohlformen, deren Rückseite fest mit der Staffelei verbunden ist, aufgebaut (125).

Das Größenproblem bewältigt Elaine Katzer mit Hilfe der von ihr entwickelten Spezialstaffelei mit beweglichen Holztafeln, so daß sie ein Relief von 2,40 m Höhe und jeder gewünschten Länge in ihrem ca. 5 m mal 5 m großen Studio aufbauen kann (Seite 129; Abb. 132).

Außerdem hat sie ein besonderes Verbindungsstück erfunden, das ermöglicht, die keramischen Formteile zum Schluß – meist unsichtbar – fest zu installieren.

Die Konstruktion des Reliefs nimmt bei Elaine Katzer folgenden Verlauf:

Sie arbeitet einen Entwurf mit Farbmuster auf Papier aus; manchmal fertigt sie auch ein kleines Tonmodell an, um die Höhen und Tiefen des Reliefs anzugeben.

Die Zeichnung wird nun in einen 1-Zoll-Raster aufgeteilt (2,5 × 2,5 cm), die Reliefstaffelei wiederum in 4 Fuß (1,20 m) breite Längseinheiten, wobei eine dieser Längseinheiten 4 Zoll (10 cm) auf der Zeichnung entspricht.

Die Künstlerin heftet nun Sackleinwand an die Staffelei und zeichnet darauf einen 1-Fuß-Raster (30 cm). Das Sackleinen wird

*Elaine Katzer, Whitney's Hall. Steinzeug. 2,55 m × 3,30 m*

dabei jeweils an den Ecken und in der Mitte des einzelnen Quadrats befestigt. Mit Hilfe dieses Rasters läßt sich nun die Zeichnung auf die Sackleinwand übertragen (126). Die Teilabschnitte entstehen von links unten nach rechts oben.

Vor dem eigentlichen Formen preßt Elaine Katzer eine ca. 12 mm dicke Tonschicht auf das Sackleinen, wobei sie sich immer nur ein paar 30-cm-Quadrate vornimmt. Ton und Sackleinen werden so fest wie möglich miteinander verbunden, weil diese Tonschicht die Rückwand der Formteile abgeben soll und gleichzeitig alle Formteile auf der Staffelei festhalten muß.

Eine Bodenplatte an der unteren Staffeleikante unterstützt den Ton in der Senkrechten.

Die Umrisse der Formteile werden dann auf der Tonschicht nachgezeichnet (127) und mit einem Wulst besetzt. Auf diesem Wulst baut die Künstlerin in erweiterter Quetschmethode die einzelnen Formelemente auf und

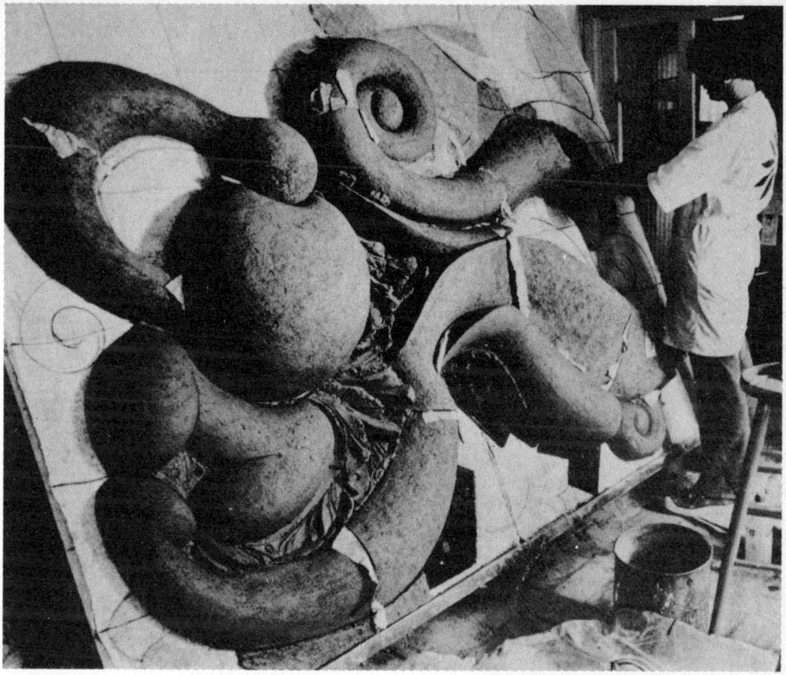

124

schließt sie gänzlich; jeder Formabschnitt wird folglich auf der Staffelei als selbständige geschlossene Hohlform angefertigt. Zum Schluß vervollkommnet wiederholtes Schaben mit einem flexiblen, großen Kratzer Oberfläche und Form.

Nach Fertigstellung jedes Formstückes wird ein Verbindungsstück ausgearbeitet, das beim endgültigen Installieren zum Anschrauben an eine Mauerwand dienen soll. Dafür verdickt Elaine Katzer eine kleine Zone an der Kante des Formstückes und bohrt zwei Löcher hindurch.

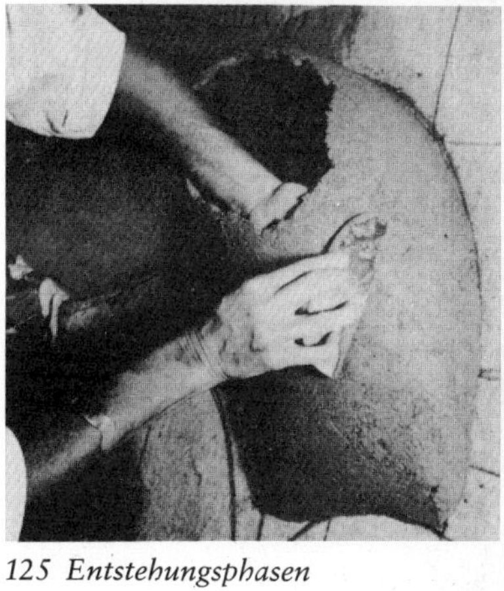

*125 Entstehungsphasen*

*126*

Der Ton muß für diese Löcher erst mit einem etwas dickeren Pflock angebohrt werden, um das Lager für einen versenkbaren Schraubenkopf zu schaffen; dann wird mit einem dünneren Pflock der Ton in seiner ganzen Dicke durchstoßen. Das Formstück mit dem Verbindungsstück wird nun von der Tonrückwand des anschließenden Formstückes abgetrennt, und ein zwischengeschobenes Tuch sorgt für die Dauerhaftigkeit dieser Abtrennung (128). Das Tuch überdeckt auch das Verbindungsstück. Darüber wird eine kleine Tonplatte gelegt und an der Rückwand des nächsten Formstückes befestigt (129, 131). Dieses Formstück beginnt nun wieder mit einem Wulst, der auch über das Verbindungsstück reicht. So legt sich das angrenzende Formelement flach über das Verbindungsstück (130, 131). Größe und Lage des Verbindungsstückes hängen von der Größe und Lage des Formstückes ab. Das Verbindungsstück muß das volle Gewicht des Formabschnittes tragen und in der richtigen Position halten.

Elaine Katzer bewegt und quetscht den Ton in alle Richtungen: nach oben, nach unten, seitwärts; dabei hockt sie sich, steht

127

128

129

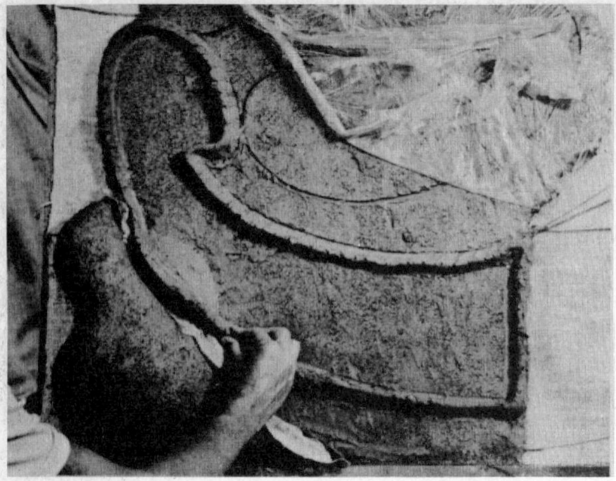

130

131

aufrecht, klettert auf eine Leiter – ganz, wie es die Arbeit verlangt. Die größeren Formstücke müssen in Stufen gebaut werden, und manche benötigen innere Verstrebungen, damit sie im plastischen Zustand ihre Form halten. Die Größe der Formabschnitte hängt vom Entwurf und vom Ofenformat ab. Große, langgestreckte Formteile müssen womöglich nochmals in mehrere Stücke unterteilt werden, aber auch diese sollen als selbständige abgeschlossene Einheiten geformt und mit einem Tuch voneinander getrennt werden.

Elaine Katzer baut oft flache, mit Gratkanten und greifarmigen Ausstülpungen besetzte Partien mit ein. Die Rückseite dieser Teile muß mindestens ca. 2,5 cm dick sein.

Bei einem sich rundenden unteren Abschluß des Reliefs werden der Form angepaßte Sperrholz- oder Spanplatten direkt auf die Staffelei genagelt.

Diese Bretter bieten den gleichen stützenden Halt wie die Stützlatte am Boden der Staffelei. Tonstützen zwischen Form und Bodenlatte besitzen ebenfalls eine solche Funktion. Es ist sehr wichtig, daß alle Teilstücke auf der Staffelei ein und dieselbe Konsistenz behalten. Darum müssen Partien, an denen noch nicht gearbeitet wird, zum Feuchthalten mit einer Plastikfolie bedeckt werden.

Damit das kleine Studio sie bei ihrer Arbeit nicht so behindert, hat Elaine Katzer ein geniales System erfunden und eingeführt: das Bauen auf beweglichen Holztafeln. Wie schon erwähnt, teilt sie die Reliefzeichnung in 1,20 m breite Längseinheiten und bezeichnet sie mit A, B, C usw. Dann zeichnet sie den Entwurf für die A- und B-Einheit auf die Sackleinwand (133-1), baut alle Formteile auf der A-Einheit und baut weiter auf der B-Einheit (133-2). Sämtliche Formteile auf A und solche, die zu B herüberreichen, werden nach Fertigstellung von den Tafeln entfernt; die Holztafel linker Hand (mit dem Buchstaben A) wird abgenommen, und die Holztafel rechter Hand (mit dem Buchstaben B) wird mit den verbleibenden Formstücken nach links gerückt. Die abgenommene Holztafel nimmt dann den Platz von B ein, und Tafel C wird eingeschoben (133-3). Die Formen auf Tafel B und teilweise auf C werden fertiggestellt (133-4), Tafel B wird abgenommen, C nach links gerückt, B wird zu D usw.

Mit Hilfe dieses Systems lassen sich nicht nur Reliefs von enormer Länge herstellen, sondern die durchgehenden fließenden Formen bleiben erhalten und müssen nicht durch willkürliche Schnitte gestört werden.

Beim Abnehmen der Formteile von den Holztafeln ist der richti-

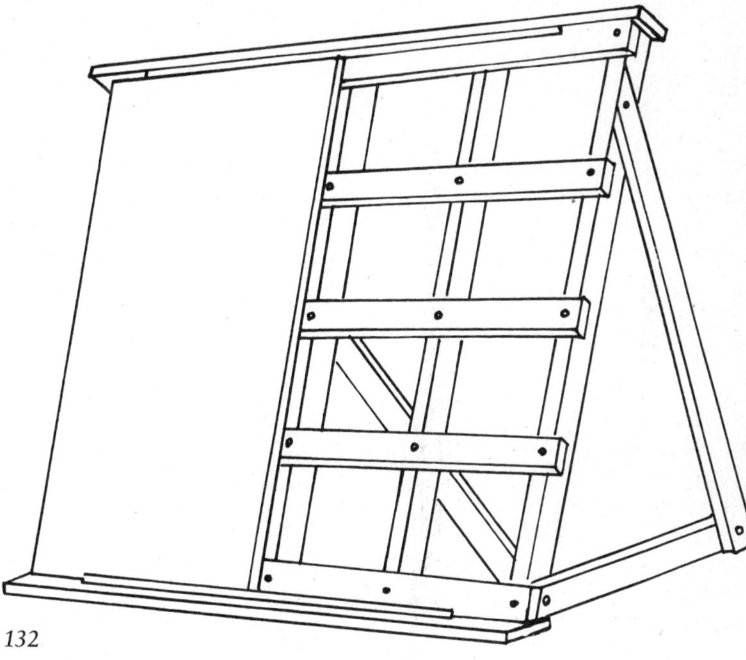

*132*

*133*

ge Zeitpunkt von entscheidender Bedeutung. Der Ton muß einerseits lederhart sein, andererseits ist zu bedenken, daß die Sackleinwand nur wenig Schwindung zuläßt. Während des Trocknens ziehen sich meist die Kanten der Formen vom Sackleinen etwas hoch, und diesen Zwischenraum sollte man zum endgültigen Lösen und Abheben nutzen (134).

Jedes Formstück muß nach dem Abnehmen auf dem Rücken mit Nummer und Richtungspfeil versehen werden. Dazu benutzt man am besten weißen Schlicker oder rotes Eisenoxid, damit diese Angaben nach dem Brand noch zu sehen sind. Diese Nummer wird in die Zeichnung eingetragen. Alle Zonen, die mit Verbindungsstücken in Berührung kommen, müssen aufgerauht werden, um Raum für eventuelles Verziehen zu gewinnen (135).

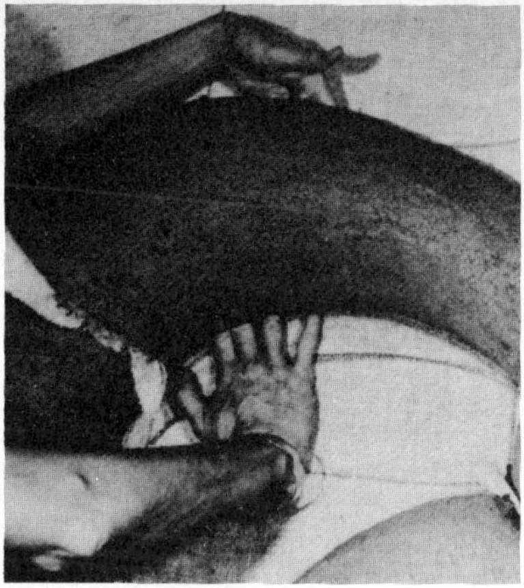
134

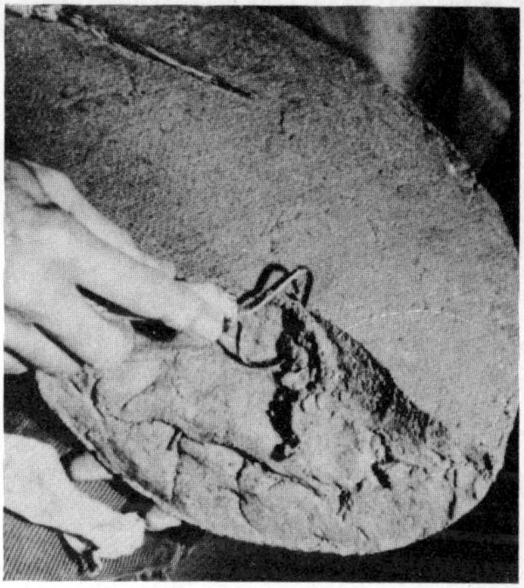
135

Jedes Formstück benötigt mehrere Luftlöcher in der Rückwand, und die Schraubenlöcher müssen zum Schluß nochmals gesäubert werden. Glasuren und farbige Schlicker trägt Elaine Katzer entsprechend ihrem Farbentwurf auf, und sie brennt die Formteile im Reduktionsbrand um 1200 °C.
Elaine Katzer hat ihre Werke an mehreren Orten in Kalifornien aufgestellt. Für gewöhnlich schraubt und klebt sie ihre Reliefs auf mehrere Schichten Treibholz von der Küste. Das verhältnismäßig geringe Gewicht der Formteile – meist weniger als 4,5 kg – erleichtert wesentlich die Installation.

# Elizabeth MacDonald

Elizabeth MacDonald verbindet in ihrem Werk das ganz Einfache mit dem höchst Differenzierten. Sie schafft wundervoll ausbalancierte Formen mit lebendigen vibrierenden Oberflächen, und selbst ein trainiertes Auge hat Mühe zu entdecken, auf welche Weise diese Gefäße zustande kommen. Und doch benutzt Elizabeth MacDonald eine Technik, die gar nicht einfacher sein könnte und nur ganz wenig Werkzeug verlangt.

Für die Böden ihrer Gefäße verwendet Elizabeth MacDonald eine leicht geschwungene Tonplatte, die sie auf einer Buckelform lederhart werden läßt (136). Nach der Methode des Aufbauens mit kleinen Einheiten formt die Künstlerin ihr Gefäß auf der Bodenplatte aus lauter kurzen Wülsten, die sie blitzschnell in der Hand rollt und lokker – oft an der Außenseite überlappend – an die darunterliegenden Wülste anheftet (137, 138). Nach Vollenden einer Runde werden die Wülste ganz vorsichtig in die Innenwand des Gefäßes eingearbeitet und geglättet (139); jede Unebenheit wird mit dem Schaber beseitigt.

Die Außenseite übernimmt dann das Paddel; durch Paddeln erzielt Elizabeth MacDonald sowohl eine straffe Form als auch jene besondere Oberfläche (140).

Die wellige vibrierende Oberfläche hängt von drei Faktoren ab: 1. Die Wülste liegen so, daß sie einander leicht überlappen; 2. beim Paddeln geht es weniger um

*136*

*137*

ein Glätten der Wülste als um ein Ineinanderpressen in Schichten; 3. der Rand darf nicht ebenmäßig horizontal ausfallen, sondern muß die steigenden und fallenden Linien der Wülste mitmachen.
Da der Durchmesser der Formen unten meist schnell zunimmt und nach oben hin wieder abnimmt, muß Elizabeth MacDonald jeweils nach ein paar Reihen eine Pause einlegen. Da jedoch die Wandungsstärke nur ca. 7 mm beträgt, trocknet das Stück schnell, und die Unterbrechungen sind nur von kurzer Dauer.
Bevor sie weiterarbeitet, sprüht Elizabeth MacDonald den Rand – anstelle von Aufrauhen und Einschlickern – mit einem feinen Nebel ein.
Die meisten ihrer Stücke sind innen glasiert. Außen trägt sie mit dem Pinsel eine sehr dünne Glasur auf und reibt sie mit der Hand wieder ab, so daß nur in den Vertiefungen Glasurspuren bleiben; auf diese Weise wird die Textur noch prägnanter. Die Gefäße werden bei Steinzeugtemperaturen in einem elektrischen Brennofen gebrannt.
Textur und Form bilden im Werk

*138 + 139*

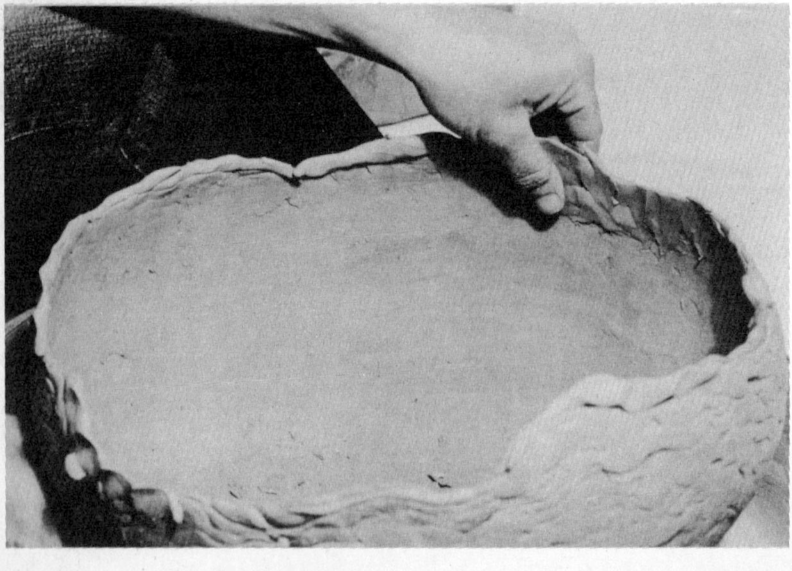

Elizabeth MacDonalds eine absolute Einheit. Die Oberfläche steigert das Gefühl für die geladene Prallheit der Form, und die Form wiederum führt in Größe und Kontur zum »Offenen« der Oberfläche hin. In diesem Zusammenspiel bringen sensibel gesetzte Akzente viele Variationen und dramatische Effekte in der optischen Ausgewogenheit der Gefäße.

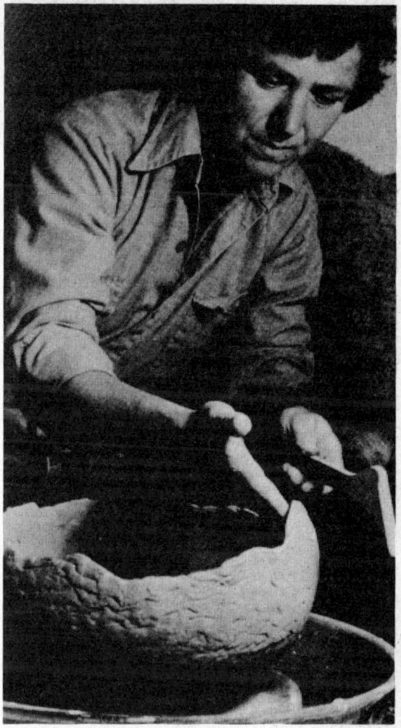

*140*

# David Middlebrook

Obwohl die Arbeiten von David Middlebrook allgemein zur kalifornischen »Funk«-Richtung gerechnet werden, sprengen sie aus verschiedenen Gründen diese stilistische Einengung. Zwar verwendet er im Sinne des kalifornischen »Funk« Abbildungen aus dem Alltag, aber er enthält sich bei seinen naturalistischen Darstellungen der sarkastischen Gesellschaftskritik und des stark aufgetragenen, bewußt schlechten Geschmacks dieser »Funk«-Richtung. In seiner Bildwelt, vor allem in seinen Bildkombinationen, erinnert er vielmehr an surrealistische Bestrebungen; wie Middlebrook selbst betont, hat er sich besonders im Frühstadium seiner Entwicklung von Duchamp und der Dada-Bewegung beeinflussen lassen.

Obwohl ihn nicht nur die großen Ausmaße interessieren, hat Middlebrook Techniken entwikkelt, mit denen er die Plastizität des Tons, selbst bei großen Formen, voll zur Geltung bringen kann, ohne dabei dem Handicap der strukturellen Mängel plastischen Tons zum Opfer zu fallen. Dabei hat Middlebrook nicht etwa neuartige Techniken erfunden; es handelt sich vielmehr um die Anpassung bekannter Verfahren und um deren kühne Auswertung bis an die Grenzen, was sein Werk so einmalig und erregend erscheinen läßt.

Andererseits gelingt es ihm auch, dem Ton jene besonderen Effekte abzuringen, die ihm das natürliche Aussehen von Möhren, Kakteen, Brot oder auch Wassermelonen verleihen. Dies gelingt ihm mit ganz einfachen Methoden und meist ohne die Hilfe von Gipsformen.

Eine Darstellung seiner Techniken muß sich auf zwei Aspekte konzentrieren: auf die Konstruktion der Grundformen (141 bis 148) und auf die Verfahren zur Erzielung der Spezialeffekte (149 bis 153).

*Konstruktion*

Zum Aufbau seiner Stücke verwendet Middlebrook, von wenigen Ausnahmen abgesehen, seine sogenannte »Beuteltechnik«. Die *Beuteltechnik* beruht im Grunde auf dem Arbeitsprinzip der Buckelform bzw. dem Arbeiten mit einer großen Platte aus plastischem Ton und einer Stütze. Diese Stütze besteht aus einem mit Vermikulit gefüllten Sack oder Beutel. Das Vermikulit hat außer seinem leichten Gewicht noch weitere Vorzüge. Es

*David Middlebrook, Dig In (Eingraben). Irdenware. 82 cm × 72 cm × 37 cm Foto: Alvin Thompson*

zieht sich beim Feuchtwerden zusammen; dadurch behindert es den Ton nicht bei der Schwindung. Außerdem ist der Beutel flexibel, das heißt, seine Flexibilität hängt davon ab, wie dicht das Vermikulit eingefüllt ist. So erhält die Tonform eine strukturelle Stärke, aber das Stützpolster beeinträchtigt in keiner Weise die Formarbeit. Also lassen sich die Tonformen mit dem Beutelpolster innen nach Wunsch umformen. (Sehr vorteilhaft ist es, wenn der Beutel aus dehnbarem Material, zum Beispiel Strumpfhosen, besteht.)

Middlebrook verwendet das

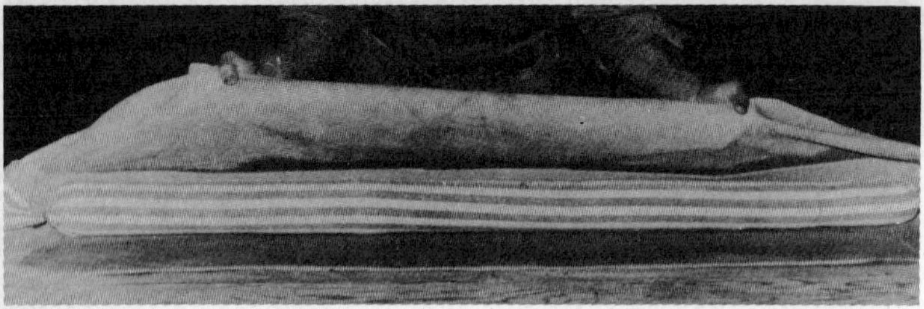

141

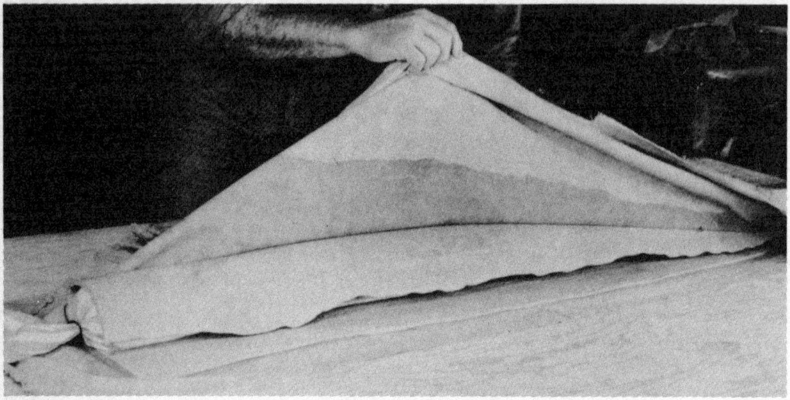

142

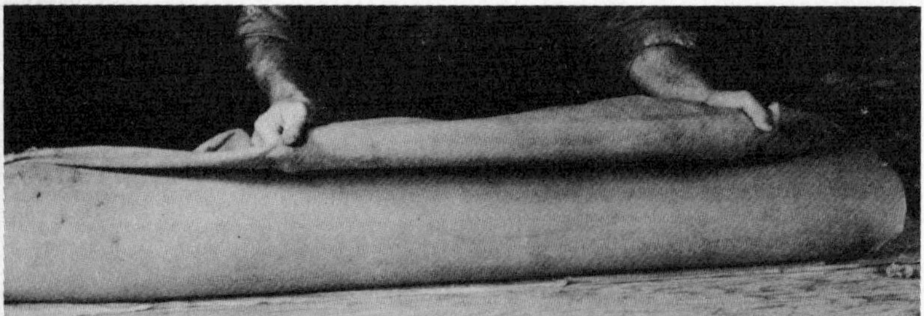

143

Beutelverfahren vornehmlich für zwei Formtypen. Für Röhrenformen benutzt er einen langen, schmalen Beutel, um den eine Platte gerollt wird (141 bis 147). Beim zweiten Formtyp konstruiert er einen hügelartigen Beutel, über den der Ton nach dem bekannten Verfahren der Buckelform drapiert wird (148).
Wie bereits erwähnt, wird die Beuteltechnik meist mit Tonplatten ausgeführt. Diese entstehen durch Auswerfen auf der Arbeitsfläche, und falls eine ganz große Platte benötigt wird, legt Middlebrook mehrere überlappend aneinander, verfugt und ebnet sie dann mit dem Rollholz. Diese Platte wird auf einem Tuch ausgebreitet. Dabei ist es sehr wichtig, daß das Tuch völlig glatt bleibt. Denn wenn sich Fältchen bilden, entstehen in der Tonplatte Vertiefungen, die sich auf die Form als Schwachstellen auswirken können.
Beim Herstellen einer Röhrenform legt Middlebrook den Beutelwulst auf die Tonplatte (141) und zieht dann die Tonplatte an dem unterliegenden Tuch über den Beutel, bis die eine Kante der Tonplatte die andere berührt (142); hierauf rauht er zum Verfugen die Kanten an (und zwar quer zur Nahtrichtung); ebenso verschlickert er die Verfugung (obwohl sich hier plastischer Ton mit anderem plastischen Ton verbindet). Anschließend rollt er die Röhre weiter herum (wiederum durch Zug mit dem Tuch), bis die Nahtstelle obenauf liegt (143). Nun beseitigt er zunächst mit dem Messer alle sichtbaren Nahtspuren und glättet mit einer Gumminiere nach; bei diesem Vorgang hält er ein Tuch zwischen Ton und Werkzeug.
Bei einer völlig geschlossenen Form werden die Enden zusammengedrückt, wobei der Beutel drinnen bleibt.
Auf diese Weise lassen sich nicht nur Röhrenformen von unglaublichem Ausmaß und Durchmesser herstellen, sondern man kann diese Formen auch anheben (144), biegen (145) und hinstellen, ohne daß man ein Zusammenbrechen befürchten muß oder daß sie einbeulen bzw. sich verformen.
Ja, es ist gerade diese Möglichkeit, Formen unmittelbar nach ihrem Entstehen gestalten zu können, die dieses Verfahren so aufregend macht, vor allem, da sich je nach Beuteltyp sehr viele Formvariationen ergeben. Solche Variationen hängen von zwei Fakten ab: einmal, wie dicht das Vermikulit in den Beutel gefüllt ist, und zweitens, wie fest die Tonplatte um den Beutel gerollt wird. Je loser das Vermikulit im Beutel, um so variabler auch die Form.
Im selben Sinn, je lockerer man die Platte um den Beutel rollt, um so weicher müssen auch die Konturen der Form erscheinen.
Das Unmittelbare, Unbegrenzte

*144 + 145* *3 Fotos: Alvin Thompson*

und Flexible dieser Formtechnik eröffnet zahllose Möglichkeiten, sei es von kleinen bis zu ganz großen, von weichen bis zu starren Formen. Deshalb erscheint es auch hier angebracht, zur erfolgreichen Anwendung dieser Technik einige Vorsichtsmaßregeln zu wiederholen: 1. Man muß sich vergewissern, daß im Tuch, auf dem die Tonplatte dünn gerollt wird, keine Fältchen vorhanden

*146*

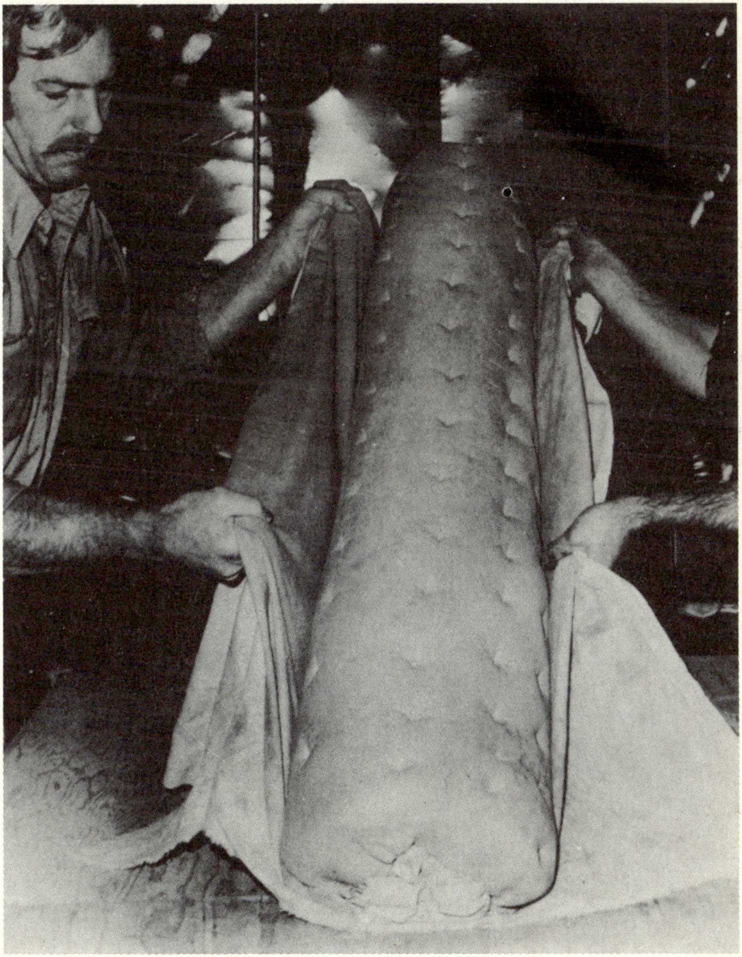

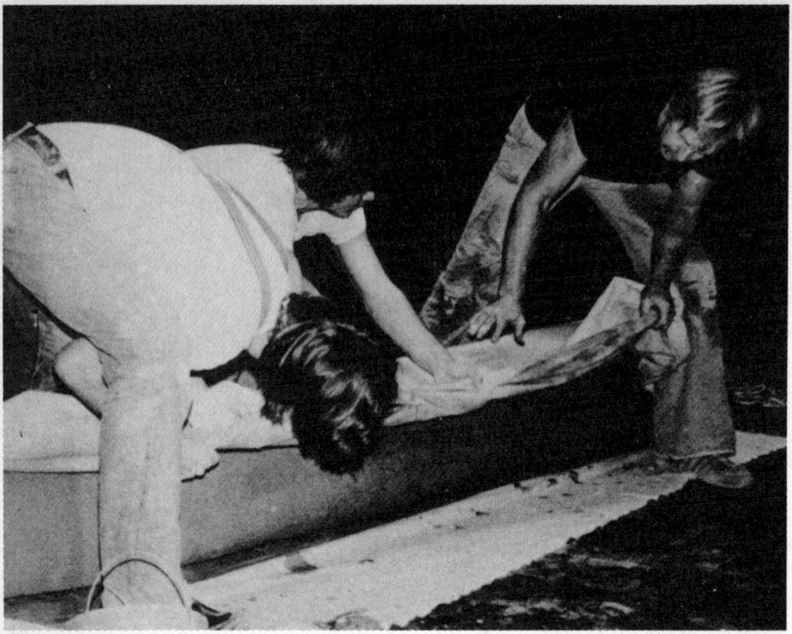

*147* *Foto: Jerry Sawyer*

sind. 2. Man sollte nach Möglichkeit niemals die Tonplatte bzw. die Form selbst direkt anfassen, sondern immer dazu das Tuch benutzen (141, 143, 146, 147). 3. Man sollte die Form, um Einbeulungen zu vermeiden, auf Schaumgummi legen. 4. Falls sehr große Formen geplant sind, sollte man immer dafür sorgen, daß mehrere Personen mit anpakken können (146, 147).

Der zweite mit der Beuteltechnik erzielbare Formtyp ist ein halbrundes, hügelartiges oder leibartiges Gebilde. Hier kann der Beutel nach Größe und Form sehr verschiedenartig ausfallen, jedenfalls wird die jeweilige Tonplatte darüber in der üblichen Buckelformmethode drapiert.

Middlebrook benutzt die Buckelformmethode jedoch in einer speziellen Abwandlung, die er »Vakuumformen« nennt. Er hebt das ganze Material hoch in die Luft (Untersatzplatte, Beutel und Tonplatte) und läßt es aus einer Höhe von etwa einem halben oder auch einem ganzen Meter herunter auf Tisch oder Boden fallen. Das hat zur Folge, daß der Beutel beim Aufprall hochhüpft und den Ton regelrecht um sich

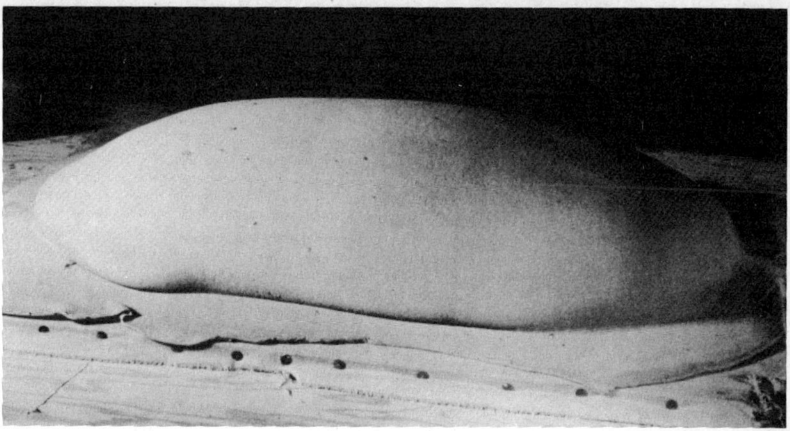

*148*

herum und unter sich ansaugt, so daß dieser die Beutelform in den feinsten Details abbildet (148). So muß man also nicht mit den Händen den Ton rund um den Beutel zurechtdrücken, sondern man zwingt auf diese Weise den Beutel in die Tonplatten hinein (oder auch umgekehrt), und die Tonplatte behält das Frische einer unangetasteten Oberfläche.
Manchmal gerät dabei die Tonplatte völlig zusammengezogen unter die Beutelform; dann kann man später im lederharten Zustand eine Bodenplatte hinzufügen (152).
Sofern Middlebrook einen Beutel verwendet, läßt er diesen Beutel fast immer in der Tonform, bis der Ton lederhart geworden ist; dann schneidet er ein Loch in den Ton und holt mit einem Staubsauger das Vermikulit heraus.

*Spezialeffekte*
Middlebrook erzielt seine besonderen Effekte, abgesehen von wenigen Ausnahmen, meist durch direkte Behandlung des Tons und nicht so sehr durch Gipsformen; es sind erstaunlich einfache Mittel. Diese besonderen Details erreicht er durch Oberflächenbehandlung, und zwar entweder vor dem Aufbau seiner Form oder nachher. Bei der Beuteltechnik übt er die Oberflächenbehandlung unmittelbar nach dem Entstehen der Form aus, solange der Beutel noch die Tonform anfüllt. In diesem Stadium vollzieht Middlebrook Einschnitzungen und Einkerbungen (149), die dem Ton bestimmte Wirkungen entlocken (150), so etwa mit Linien für Möhren-Abbildungen, Kerbungen für Kakteen usw. Die Einkerbungen geschehen durch minde-

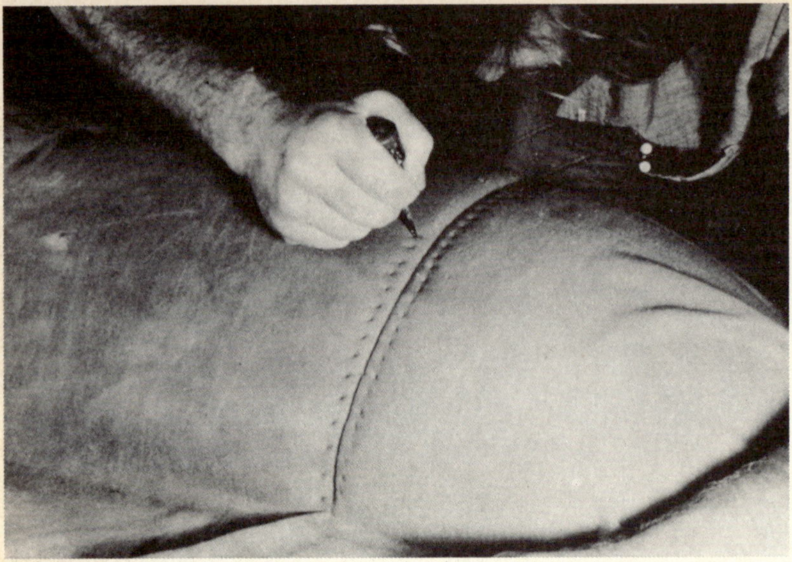

149 + 150

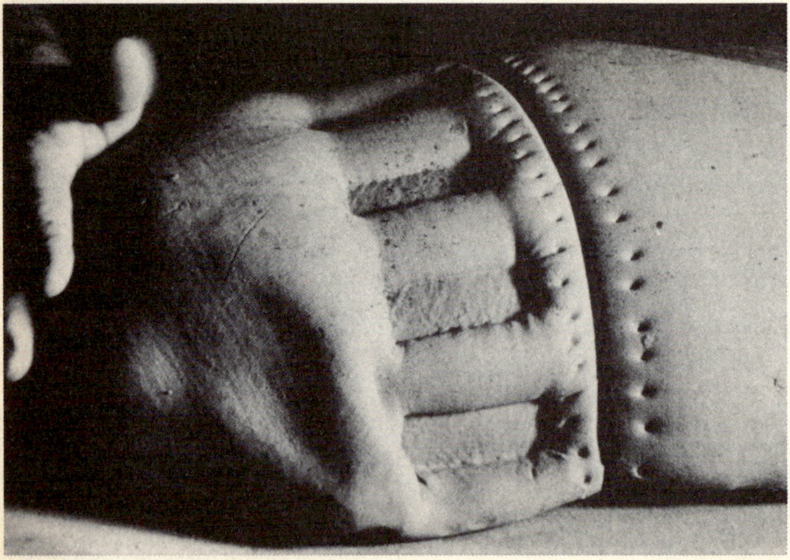

stens eine Lage Tuch, die dem Ton fest aufgelegt wird; er benutzt dabei Messer, spitze Werkzeuge, den Griff eines Rollholzes oder sogar irgendeine Latte, die er in den Ton stößt.

Dabei geht er mit aller Kraft vor, was aber nicht dazu führt, daß er Tuch oder Ton durchbohrt, denn darunter würde die Form leiden. Wenn man Einkerbungen macht und das Tuch dabei fest in den Ton einreibt (anstatt es nur aufzulegen), wird die Tonplatte an den betreffenden Stellen nicht etwa dünn, sondern man zwingt den Ton nach unten in den Beutel; die Tonwandung behält an diesen Stellen die gleiche Stärke. Andere Spezialeffekte wie etwa die Oberflächengestaltung als Brotlaib, Wassermelone oder Korb lassen sich dadurch erzielen, daß man die Texturierung der Tonplatte vor dem Aufbau der Form vornimmt.

*151*

*152*

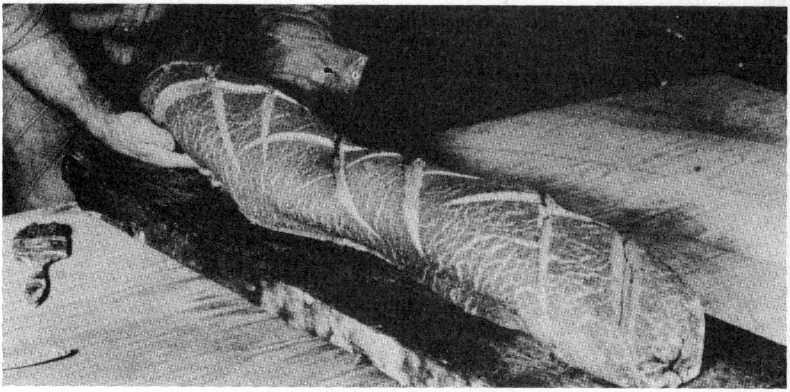

Die Texturierung einer Brot-Abbildung läßt sich folgendermaßen erreichen: Man reibt in eine dicke Tonplatte eine Schicht trockenes Tonpulver; dann nimmt man Einkerbungen in Überkreuzmuster vor (151). Anschließend reduziert man die Dicke der Platte durch Auswerfen auf etwa 1 cm. Dadurch brechen die Einkerbungen auf und erzeugen in der trockenen Tonfläche die Wirkung einer Brotkruste. Daraufhin legt man die Platte über einen Beutel (in diesem Fall aus Strumpfhosenmaterial) und praktiziert das Vakuumformen. Hierdurch entsteht das typische schwellende Aussehen frischgebackenen Brotes (152).

Die Wassermelone wird auf ganz ähnliche Weise hergestellt, indem man nämlich eine mit trokkenem Tonpulver eingeriebene Tonplatte auswirft. In die dünne Tonplatte werden nun die Einkerbungen für den Samen vorgenommen; die Tonplatte liegt dabei auf einer dicken Lage Schaumgummi, und man hält zwischen Werkzeug und Ton ein Tuch, damit der Ton nicht durchstoßen wird. Für die Form einer festen, saftigen Melonenscheibe nimmt man lederharte Tonplatten, für die verschrumpelte, ein-

*153*

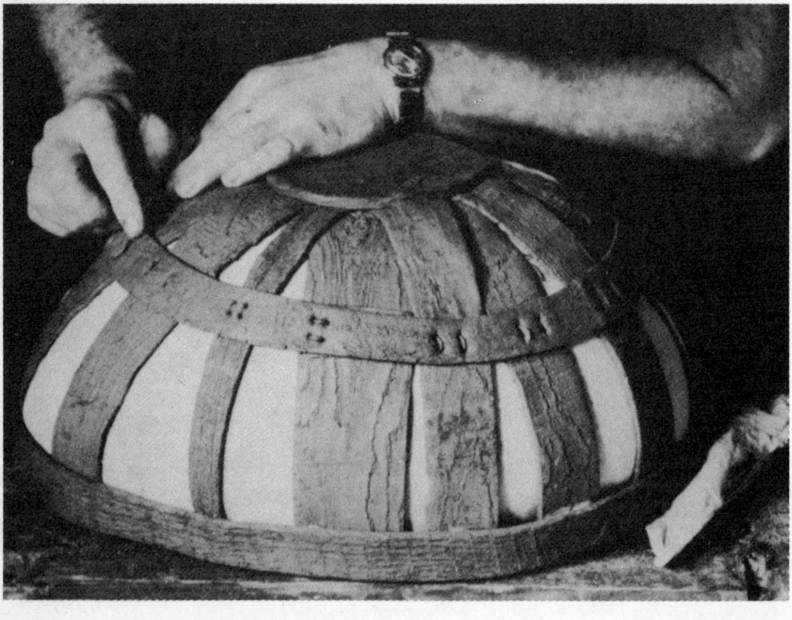

getrocknete Melonenscheibe Tonplatten im plastischen Zustand.
Holzähnliche Texturen erreicht man, indem man dünne, plastische Tonplatten auf ein grobes Stück Holz wirft, zuerst auf die eine Seite des Holzstückes, dann mit der anderen Tonplattenseite auf die andere, umgewendete Seite des Holzstückes; so erreicht man eine täuschend ähnliche Wirkung. Die Korbform läßt sich dadurch herstellen, daß man die tönernen »Latten« auf einen gut gestopften Beutel montiert. Aus winzigen Wülstchen macht man die Klammern, auch die Nägel, ebenso winzige abgeflachte Tonbällchen bilden die Nagelköpfe; Hammer-»Spuren« erzielt man mit dem Hammer usw. (153).
Von besonderer Bedeutung für diese Spezialeffekte sind die von Middlebrook entwickelten Glasuren und Glasiertechniken. Darüber zu berichten, würde den Rahmen dieses Buches sprengen; ich kann lediglich auf die im Anhang aufgeführten Glasuren- und Tonmassen verweisen.
Die hier dargestellten Arbeitsverfahren sind natürlich nur ein Teil der von Middlebrook ausgeübten Arbeitstechnik insgesamt. Einige Formen werden im lederharten Zustand montiert; andere sind derart kompliziert, daß sie nach dem Brand miteinander gekoppelt und verklammert werden können. Gelegentlich benutzt Middlebrook auch die Kombination gebrannter Tonformen mit fremdem Material.
Wesentlich für seinen Arbeitsprozeß ist, daß skulpturale Erwägungen dem Bedürfnis nach Abbildung die Waage halten. So erfährt mancher Plan im Laufe der Ausführung seine Änderungen, sei es aus optischen oder aus inhaltlichen Gründen. Die Problematik von Form und Inhalt, das muß hier betont werden, ist für Middlebrook von größter Bedeutung. Grundlagen seiner Kunst sind und bleiben sein fachgerechtes, kühnes Handhaben des Tons, sein erfinderisches technisches Vermögen und sein breitangelegtes Wissen, was die Grundlagen des Aufbauens betrifft.

# Donna Nicholas

In Donna Nicholas' Werk verbinden sich lineare, kantige und organisch wirkende Formen zu einem klar gegliederten, elegant angelegten Ganzen. Die linearen Elemente bestimmen den rhythmischen Aufbau ihrer Arbeiten, während die kantigen und organischen Formen für das Volumen sorgen. Was jedoch die eigentliche Faszination dieser Keramiken ausmacht, ist die Spannung, die zwischen den einzelnen Formen herrscht, der Raum, den sie umschreiben und einfangen, sowie das Fließende der Linien von einer Form zur anderen, zumal sich dieses Zusammenspiel mit jedem Aspekt wandelt. Die Zahl dieser immer neuen Abwandlungen zum Thema Form und Raum steigert sich wesentlich durch die Farbigkeit der Stücke. Auf der einen Seite verdeutlichen die Farben die einzelnen Formen, auf der anderen Seite werden Partien zusammengezogen, und zwar von jedem Blickpunkt aus verschiedene. Die Farben scheinen den Formen zu entströmen oder

*154*

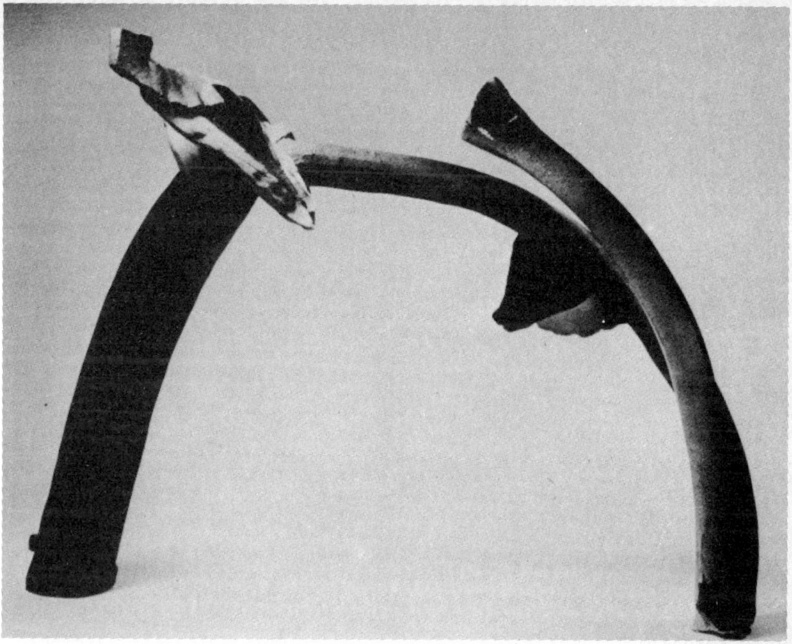

*Donna Nicholas, Arc I. (Bogen I). Irdenware. 50 cm × 82 cm × 20 cm*

auf ihnen zu wachsen wie Algen oder Felsenmoos.
Die Skulpturen werden aus vorher angefertigten Einzelformen in lederhartem Zustand zusammengesetzt. Dieser Prozeß gehört zu den vier klar umrissenen Arbeitsphasen von Planen, Vorbereiten der Teile, Zusammensetzen der fertigen Teile und Glasieren.
Donna Nicholas arbeitet ihre Ideen und Entwürfe auf Papier aus. Die Zeichnung wird in größerem Maßstab auf feste, große Papierbogen übertragen, und einige Teile werden ausgeschnitten, um als Muster für Einzelformen zu dienen (154).
Die sogenannten linearen Formteile nimmt Donna Nicholas aus dem Extruder und biegt sie dem Muster entsprechend (154). Der für den Extruder verwendete Ton enthält Nylonfasern, wodurch die Röhren kräftiger und auch biegsamer werden. Die Kantenformen entstehen aus lederharten Tonplatten. Zum Zuschneiden der Formteile werden die Papiermuster benutzt.
Donna Nicholas wickelt die Kan-

*155*

ten der Platten in Plastikfolie, damit sie zum Verfugen weich genug bleiben. Einige Plattenkanten erhalten einen Schrägschnitt, je nach Winkelführung der Form (155). Obwohl Donna Nicholas mit lederhartem Ton arbeitet und diese Formen hartkantig sind, wirken sie durchaus nicht starr. Man beachte das Schaumgummipolster, mit dem die Kurvenlinie der Form abgestützt wird (156).

Auch die organischen Formen entstehen aus Tonplatten, jedoch aus einer Kombination von plastischen mit lederharten; die plastischen Tonplatten benötigt Donna Nicholas wegen der Formbarkeit, die lederharten, um einen gewissen Halt zu erzeugen; nur auf diese Weise läßt sich das Volle, Schwellende der organischen Formen hervorbringen (157). Im allgemeinen werden die breiten Seiten aus plastischem

*156*

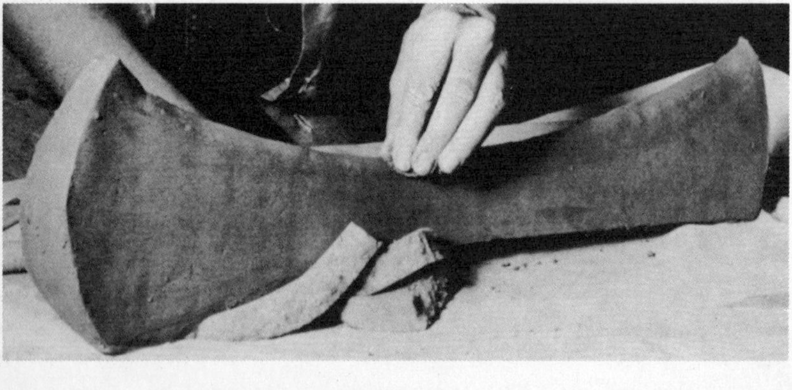

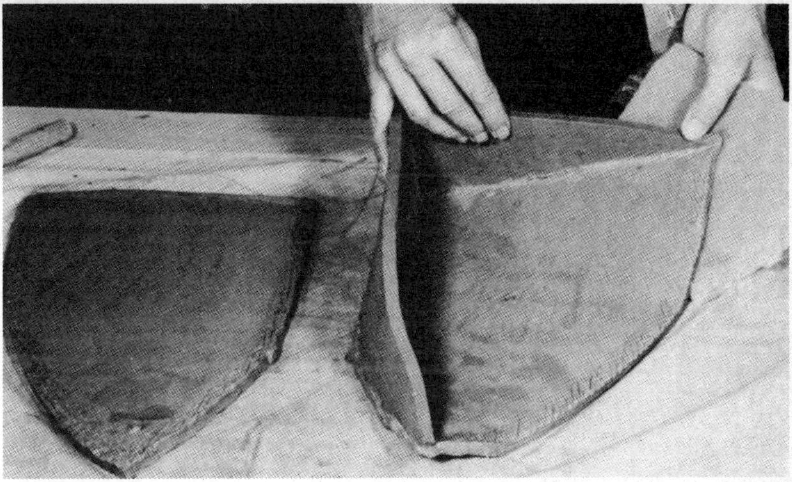

*157*

Ton hergestellt und die schmalen aus lederhartem. Vor dem Zusammenbau der organischen Formen reibt Donna Nicholas das Papiermuster fest auf die plastischen, mit einem Schwamm befeuchteten Tonplatten. Zum besseren Halt stopft sie ins Innere der Form zusammengeknülltes Zeitungspapier.

Beim Verbinden und Verfugen der Platten miteinander manipuliert Donna Nicholas den Ton mit Hilfe eines Tuches; sie zieht die Seiten damit zusammen und erzeugt Drehungen und Kurven, die sie anschließend mit Schaumgummi abstützt. Die Falten in der Form rühren vom aufgelegten Papier her, das sich beim Drehen abdrückt. Donna Nicholas führt dieses Drehen der Form unter dem Tuch aus, wobei die eine Hand das Ganze hochzieht, die andere es nach unten drückt (158). Die Richtung der Falten wird durch die Drehrichtung der Form gesteuert.

Mit Paddeln erreicht Donna Nicholas zweierlei: Sie treibt die Nahtstellen enger zusammen und gibt dem Ton die endgültige Form. Beim Paddeln legt sie ebenfalls ein Tuch über den Ton, wodurch ein Festbacken des Werkzeugs sowie ein Abflachen der Textur verhindert werden.

Es ist sehr interessant zu beobachten, wie Donna Nicholas den Ton während des Formprozesses handhabt. Sie benutzt ein Tuch, nicht nur als Trennmittel, sondern in erster Linie als Formwerkzeug, mit dem sie die Seiten der Form enger zusammenzieht und das Ganze dreht.

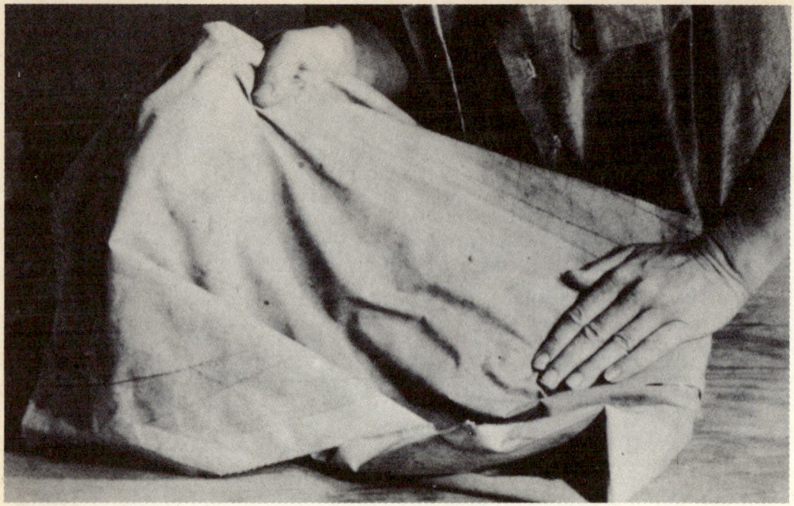

*158*

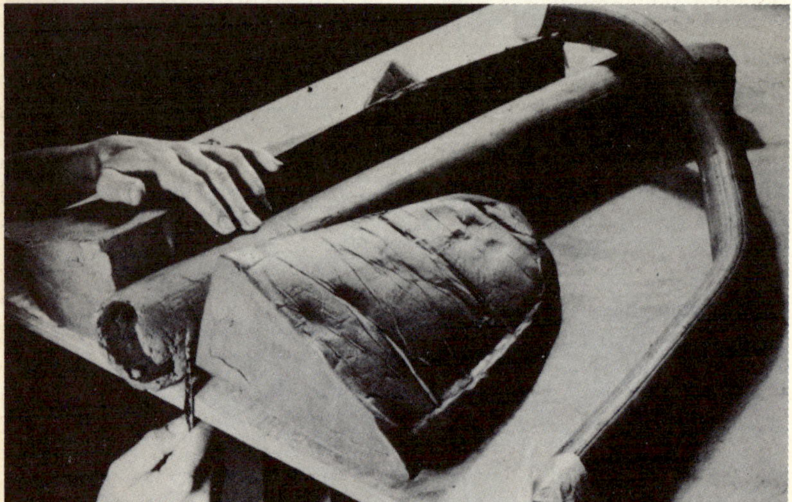

*159*

Die Komplexität dieser zweiten Phase – die Vorbereitungen der Teile – läßt erahnen, welche wesentlichen Punkte später bei dem fertigen Werk hervorspringen werden. Donna Nicholas bereitet drei verschiedene Formtypen vor, jeden für sich in einer anderen Technik. Die linearen Elemente entstehen mit Hilfe eines Extruders, die kantigen und die organischen Formen mit Hilfe der Plattentechnik; allerdings wird das eine Mal nur mit lederharten Platten gearbeitet, um die strukturelle Stärke des Tons in diesem Zustand voll auszunutzen, und das andere Mal mit einer Kombination aus plastischen mit lederharten Platten (normalerweise ein Fehler in der Keramik), um so die Formbarkeit plastischen Tons mit der unterstützenden Kraft lederharten Tons auszuwerten. Das Tuchformen des Tons ist eine ureigene Erfindung von Donna Nicholas und verdient besondere Beachtung.
Bevor die Stücke zusammengesetzt werden, müssen sie trocknen, damit sie in etwa den gleichen lederharten Zustand erreichen. Es ist dabei ungeheuer wichtig, daß der Ton einerseits bereits sein Eigengewicht zu tragen vermag, andererseits aber immer noch ausreichend Flexibilität zum eventuellen Ändern der Form besitzt.
Für das Zusammensetzen werden als erstes die Böden der Formen angefertigt. Zu diesem Zweck legt Donna Nicholas alle Teile laut Zeichnung entlang der Tischkante aus. Die Röhren schneidet sie entsprechend zu (159) und versieht sie mit Böden. Alle Formen erhalten dann Luftlöcher.
Beim Zusammensetzen selbst sind sowohl ästhetische als auch technische Überlegungen in Betracht zu ziehen, denn dieses ist der Augenblick, in dem die zweidimensionale Zeichnung in die dreidimensionale Konstruktion übersetzt werden muß. Dazu gehört viel Nachdenken und eine Menge Zeit, um die Beziehung der Formen zueinander aus jedem möglichen Blickwinkel überzeugend zu gestalten.
Vom technischen Gesichtspunkt aus müssen alle Formen fest ineinandergreifen. Donna Nicholas benutzt eine Vielzahl von »Verschlüssen«, die sie aber meistens dem Problem entsprechend leicht abwandelt. Aber überall sind bestimmte Grundregeln bei ihr erkennbar. Wenn eben möglich, verbindet sie nicht Punkte, sondern Zonen miteinander, und zwar mehrere Zonen.
Sie versucht, die Formen ineinander zu verschränken, statt nur Berührungszonen zu schaffen.
Manchmal greift auch eine Form um die andere herum (160).
Wenn zwei Wandungen über eine etwas größere Fläche hin konform laufen, dann schneidet Donna Nicholas die aufeinandertreffenden Wandungen meistens

aus, einerseits zur Gewichtsverminderung der Stücke, andererseits zum leichteren Drehen der Stücke; auch kann auf diese Weise der Luftstrom von einer zur anderen Form fließen und ein gleichmäßigeres Trocknen gewährleisten.
Manche Formen werden regelrecht miteinander verkeilt, wobei das eine Stück mit dem Keil, das andere mit der Öffnung versehen ist (161); auch bettet Donna Ni-

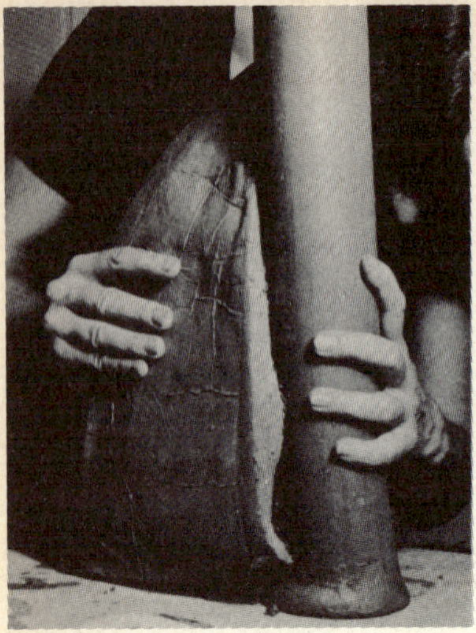
*160*

*161*
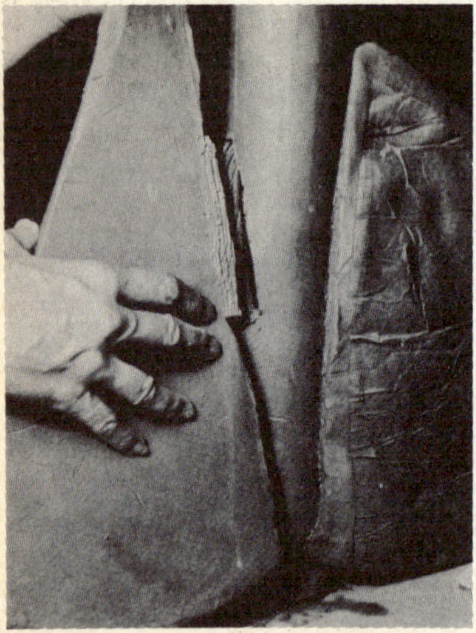

*162*
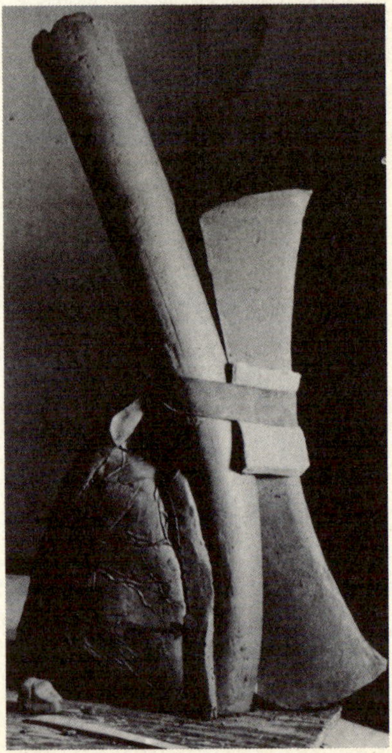

*163*

cholas gelegentlich eine Form in den korrespondierenden Ausschnitt einer anderen.
Alle Verbindungsstellen werden aufgerauht, befeuchtet und kräftig zusammengepreßt. Eine Vertiefung wird rundum gezogen und der Verstärkungswulst hineingedrückt. Mit einer elastischen Binde zieht Donna Nicholas dann die Formen fest zusammen. Solche elastischen Binden haben den Vorteil, daß sie beim Schwinden des Tons mitgehen. Man beachte wiederum das Schaumgummipolster für das Paddeln (162).
Während des Zusammenbauens ändert Donna Nicholas oft noch die Formen, indem sie mit dem Paddel arbeitet, Stückchen wegschneidet, Ton hinzufügt und den Röhren durch Drehen eine andere Bewegungsrichtung gibt. Die Enden der Röhren können mit einer Platte geschlossen, ausgezogen oder gepaddelt werden. Zum Schluß des Zusammenbauens einer Skulptur werden die Verfugungen gesäubert und die

Oberflächen verfeinert (163). Dies geschieht meist, nachdem die zusammengebauten Formen mindestens eine Nacht geruht haben. Diese zeitliche Unterbrechung bewirkt einerseits, daß die feuchten Verstärkungswülste und der zum Ausfüllen benutzte Ton etwas fester geworden sind, andererseits hat die Künstlerin nach dieser Pause die Möglichkeit, ihr Werk mit frischen Augen zu überprüfen.
Die Skulpturen müssen sehr langsam trocknen; trotz deren Kompliziertheit verwendet Donna Nicholas keine Tonplatten als Trockenunterlage. Die Skulpturen stehen auf Holzplatten, die mit in den Ofen geschoben werden, so daß Anheben und Hin- und Herrücken entfallen.
In der letzten Arbeitsphase trägt Donna Nicholas Glasur und Farben auf. Die Farben sollen die Beziehung der Teile untereinander betonen und verstärkt hervorheben. Die Glasuren werden auf die geschrühte Skulptur gesprüht, und manchmal durchlaufen sie zahlreiche Brände bei ca. 1000 °C, wobei jedes Mal neu glasiert wird, bis der gewünschte Effekt herauskommt. So nehmen Glasieren und Brennen oft längere Zeit in Anspruch als das Aufbauen der Skulptur selbst.
In Donna Nicholas' Werk verbindet sich das technisch Komplizierte mit der Vielfalt und Reichhaltigkeit ihrer Formen zu einem faszinierenden Ganzen. Ein klar definierter Entwurf, ein logisch durchdachtes Konzept und eine sorgfältige Planung bilden die wesentlichen Voraussetzungen für dieses künstlerische Werk.

# Sy Shames

Charakteristisch für die Arbeiten von Sy Shames ist die Einfachheit der Formen und der Oberflächengestaltung, die so frisch und voller Spannung ist, als sei sie unberührt und nicht von Menschenhand. Die linearen Muster und Texturen wirken wie zufallsgeschaffen und ganz natürlich gewachsen.

Die besondere Oberflächengestaltung verdankt Shames der Meisterschaft im Plattenherstellen durch »Auswerfen«; durch diese Arbeitsweise kommt er tatsächlich mit der Außenseite seiner Formen nur selten in Berührung. Sein Geheimnis beruht darin, daß er eigentlich nur die »verkehrte« Seite bearbeitet.

Auch die Feinheit seiner Linienzeichnung geht auf die Tatsache zurück, daß er die »verkehrte« Seite behandelt. Sobald er eine große Platte mittels »Auswerfen« hergestellt und sie, um Verzerrungen zu vermeiden, flach gegen den Körper gedrängt zum Arbeitstisch getragen hat, schneidet Shames Streifen vom Plattenboden und von den Seiten und befestigt diese schichtweise dort, wo später einmal der obere Teil des Gefäßes sein soll (164). Diese Streifen werden über die ganze Länge der Platte hin ausgelegt (164) oder nur in Teilstücken befestigt, sowohl senkrecht wie auch waagerecht; manchmal zwirbelt Shames auch solch einen Streifen, ehe er ihn festmacht (165).

Die Streifen überlappen die Hauptplatte und werden mit einem Rollholz flachgerollt (166). Gelegentlich schneidet Shames eine Art Fenster mitten in die Platte und füllt es mit einer gesonderten kleinen Platte aus, deren texturierte Außenseite nach unten zu liegen kommt. Auch diese wird glatt und flach gerollt (167). Die Textur für diese kleinen Platten gewinnt Shames durch Aufpressen alter verwitterter Holzstücke, Nußschalen oder anderer interessanter Materialien; mit Hilfe von Einschnitzungen erhalten diese Muster dann eine gewisse Interpretation (168).

Damit ist die Vorarbeit an der Platte eigentlich beendet. Wesentlich dabei ist, daß die Platte trotz der überlappenden Tonstreifen völlig gleichmäßig in ihrer Dicke bleibt, weil die Überlappungen ja flachgerollt sind.

Um das Gefäß zu formen, wird die Platte rund um einen Block aus Schaumgummi gefaltet (169), mit Hilfe eines Brettes angeho-

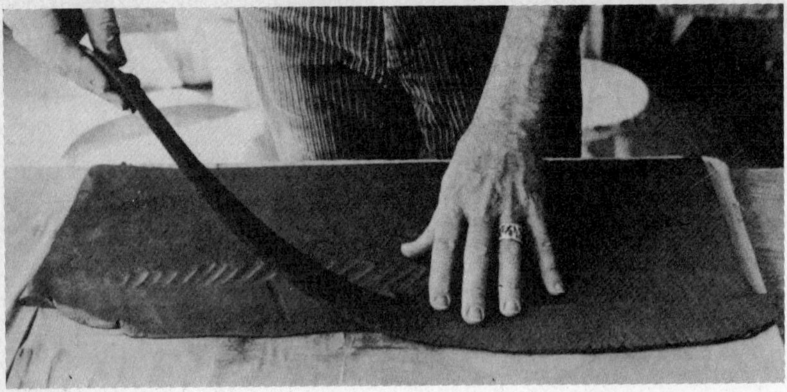

*164*

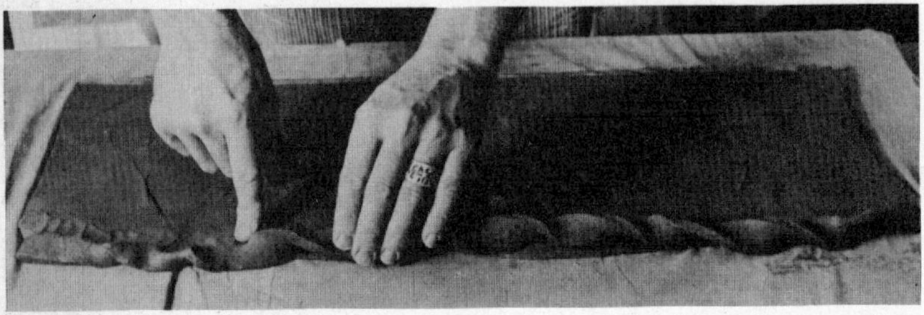

*165*

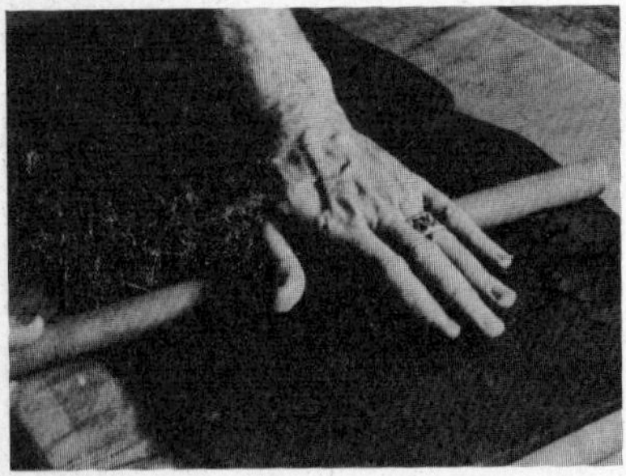

*166*

ben und dann an einer weiteren Platte, die als Boden dienen soll, befestigt. Auf wunderbare Weise erscheinen jetzt die angefügten Tonstreifen als eine Reihe von fließenden Linien; die texturierte Mittelzone wiederum wirkt, als ob sie aus dem Hintergrund in besonderer Feinheit hervorträte. Der überlappende Teil, der durch das Zusammenfügen der Platte entstanden ist, wird nun dort, wo sich sozusagen die Rückseite des Gefäßes befindet, an der Innenseite zu einer frei skulpturierten

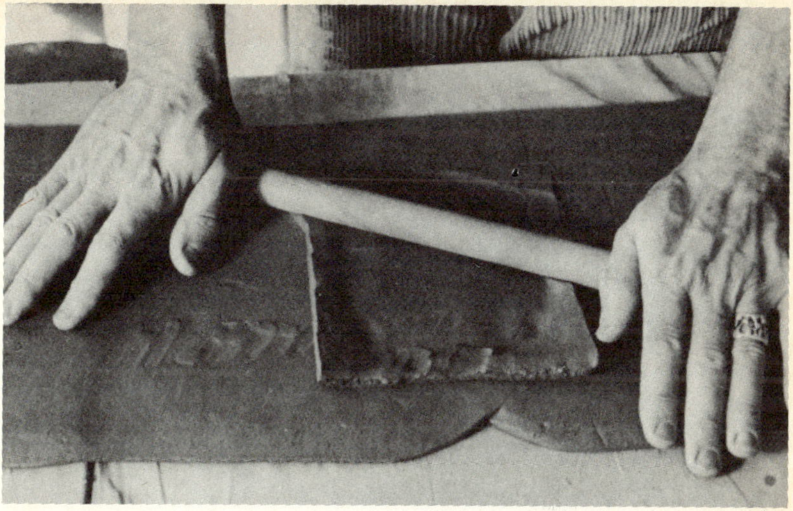
167

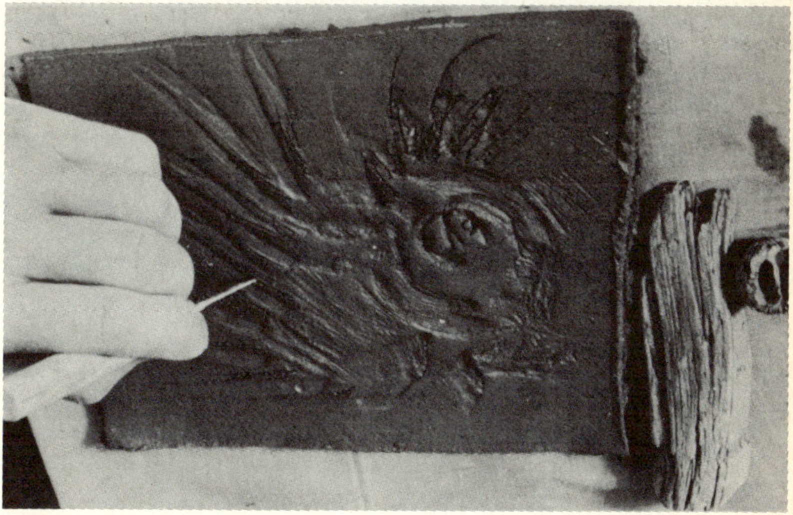
168

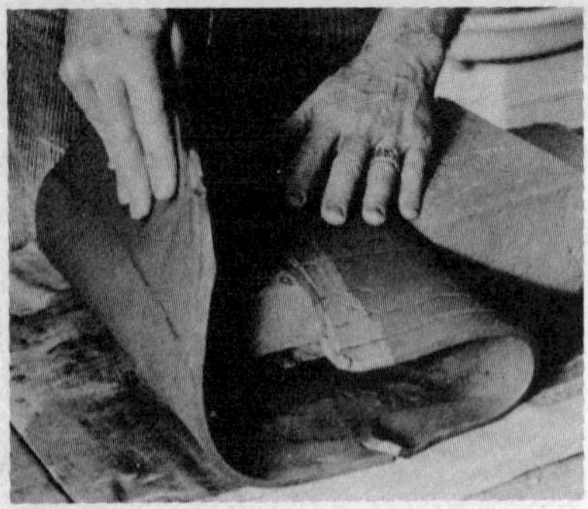

*169*

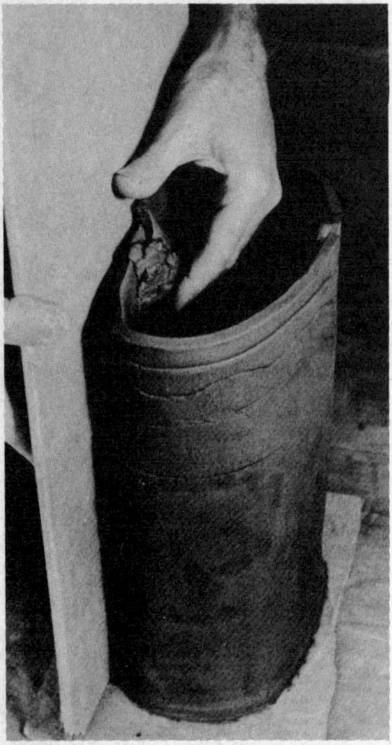

*170*

Form hochgezogen (170). Diese locker geformte Sonderform steht im Kontrast zur Feinheit der welligen Linien und lenkt die Aufmerksamkeit auf das Innere des Ganzen.

Zur deutlicheren Betonung der Linien, und um der Form noch eine weitere Dimension hinzuzufügen, wird das Oberteil des Gefäßes sacht von innen nach außen gedehnt. Durch das Dehnen baucht sich der Ton, und die Linien erhalten durch ein Sich-Öffnen einen besonderen Akzent (171). Shames kann sich dieses leisten, da er sein Gefäß im plastischen Zustand fertigstellt.

Glasuren verwendet Shames nur sehr sparsam; die texturierten Zonen läßt er unglasiert, um die Feinheiten der Oberflächengestaltung nicht zu beeinträchtigen. Er brennt seine Arbeiten bei Steinzeugtemperaturen in reduzierender Atmosphäre.

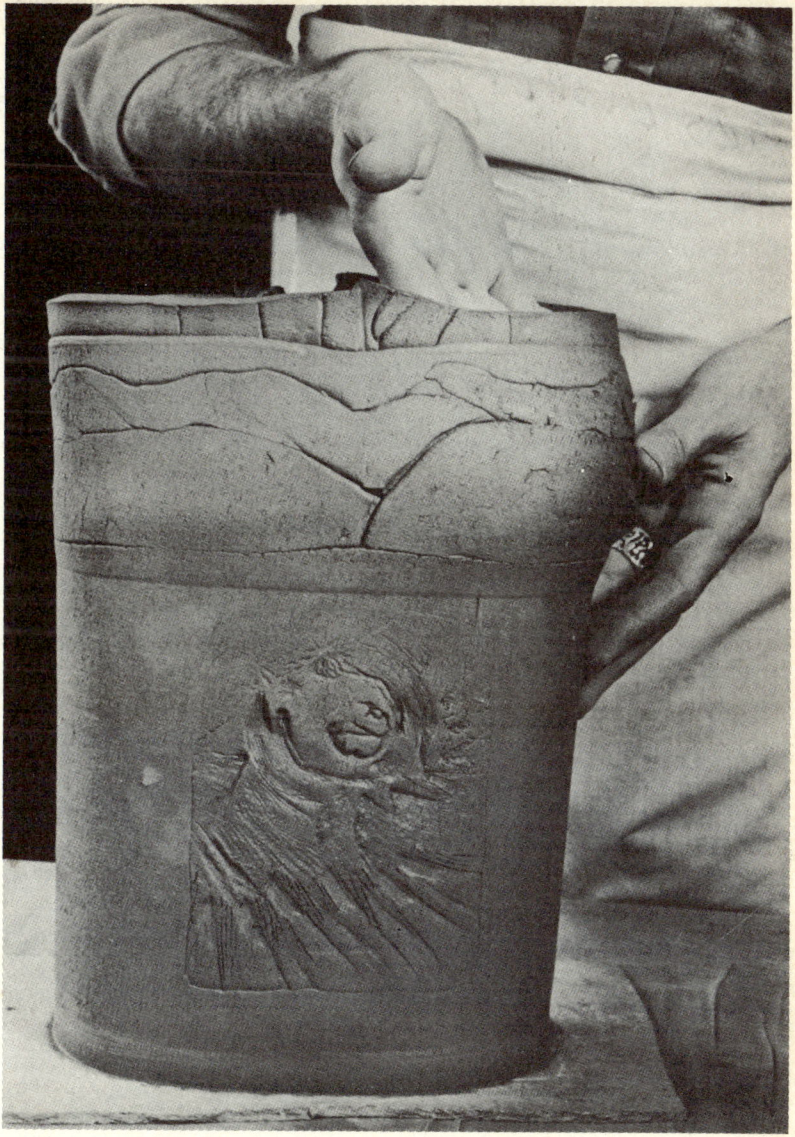

*171*

# Billie Walters

Billie Walters' knollige, schwellende Formen mit den weichen Falten obenauf geben nirgendwo einen Hinweis auf ihre Entstehungsweise. Die Formen wirken so naturhaft und voll von pulsierendem Leben, daß es schwerfällt, sie mit Plattentechnik und Buckelform in Verbindung zu bringen. Nur ein Künstler, der sich der Plastizität des Tons voll bewußt ist, kann mit solchen Techniken derart fließende Formen gestalten.

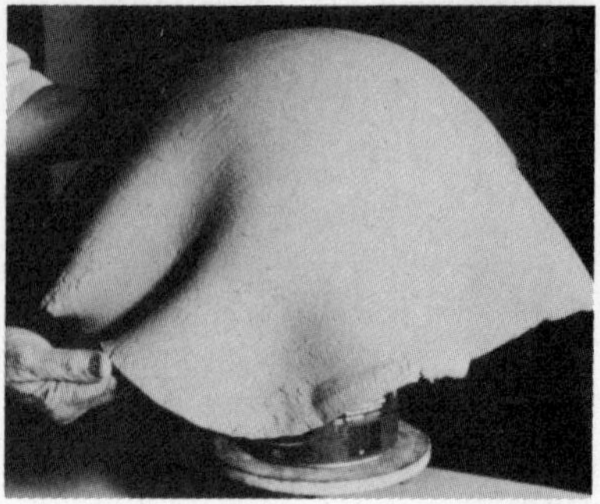

*172*

Um eine Gefäßhälfte herzustellen, läßt Billie Walters vom Plattenbrett – auf dem sie den Ton ausgeschlagen und ausgerollt hat – eine plastische Tonplatte über eine Gips- oder Schrüh-Buckelform fallen. Da die Platte vorsorglich größer als notwendig gemacht wird, drapiert sie sich von selbst über der Buckelform in lose Falten (172). Gerade das ist die Absicht Billie Walters, denn sie braucht die Falten, um den oberen Teil ihrer Gefäße zu gestalten. Sie wählt die besten Falten sorgfältig aus und formt sie gelegentlich auch leicht nach.

Zwecks größeren Formenreichtums ändert Billie Walters die Buckelformen mit Ton, den sie oben oder an den Seiten in dicken Wülsten auflegt (173). Der überschüssige Plattenton wird rund um den Rand der Buckelform weggeschnitten, aber die Falten bleiben stehen. Billie Walters stellt zwei solcher Tonhälften her, wobei die eine etwas schmalere Falten erhält als die andere (174).

Diese Tonhälften läßt Billie Walters auf den Buckelformen trocknen, bis sie lederhart geworden sind. Im trockenen Klima von Neu Mexico dauert das nur ein bis zwei Stunden. Daraufhin müssen die beiden Formen sehr sorgfältig miteinander verbunden werden (aufrauhen, einschlickern, mit Verstärkungswulst versehen, paddeln). Die schmaleren Falten schiebt Billie Walters beim Zusammensetzen unter die breiteren, und eine

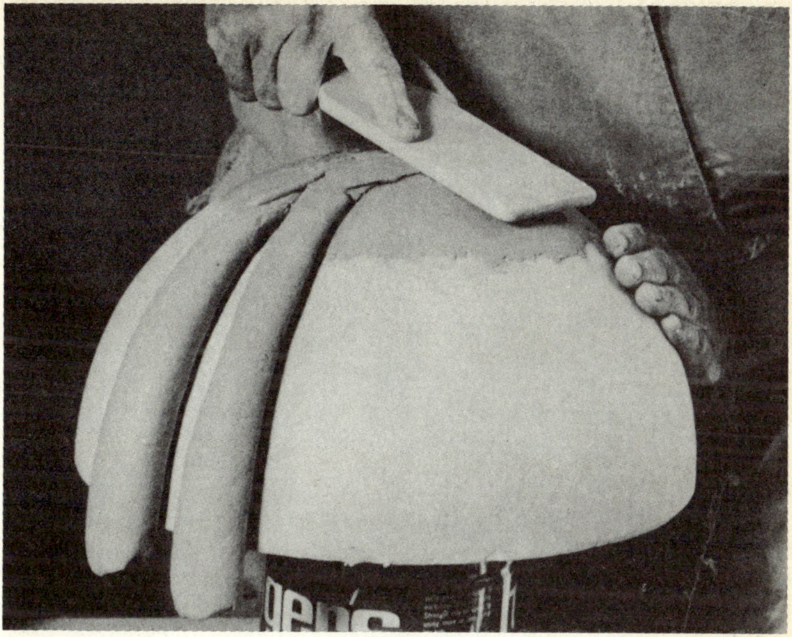

*173*

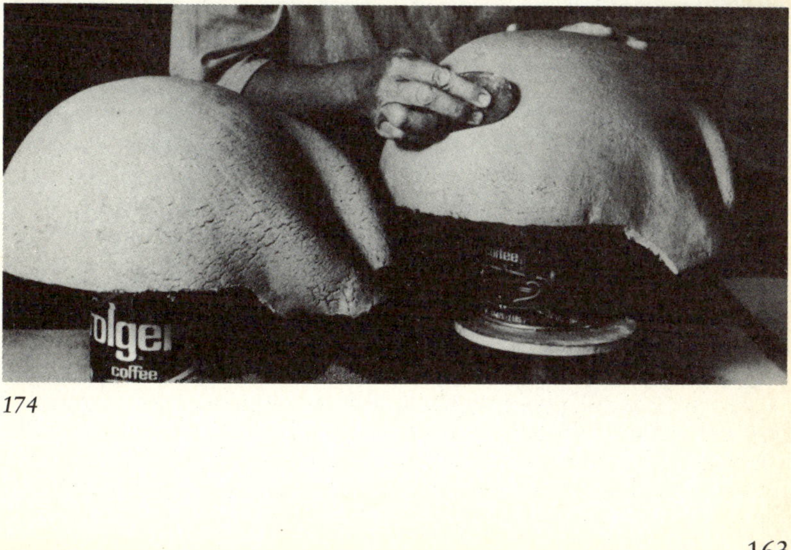


*174*

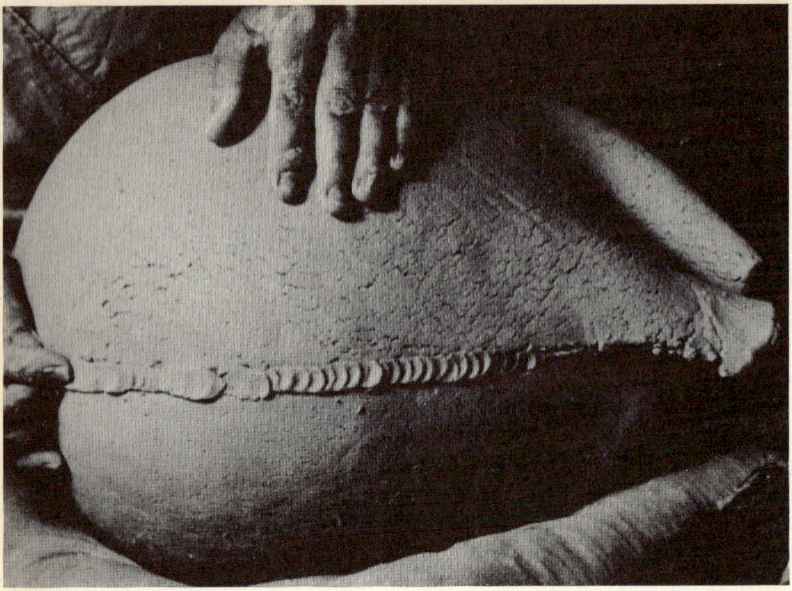

175

176

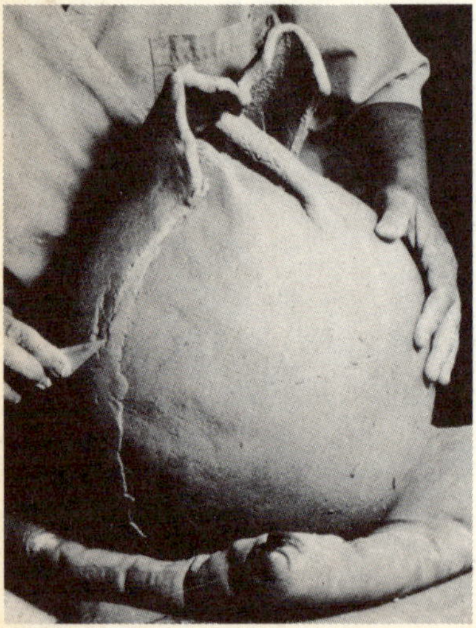

177

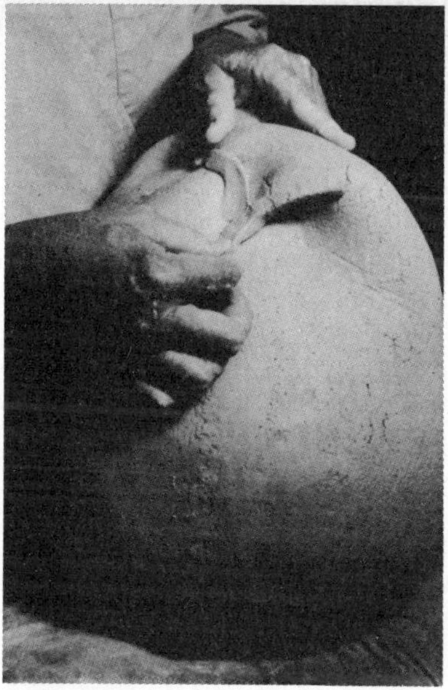

178

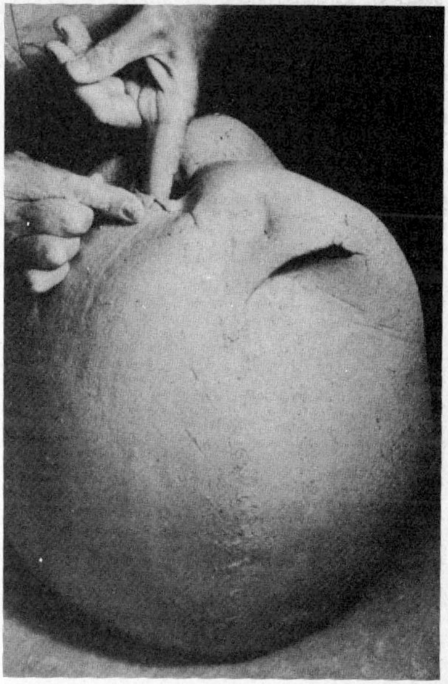

179

180

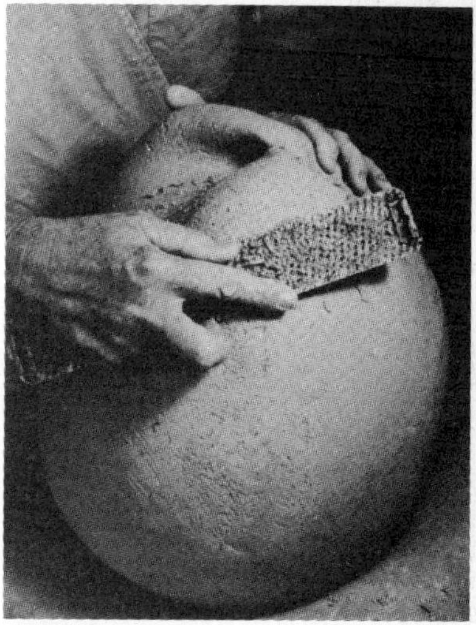

Hälfte der Form ruht auf einem Kissen, damit keine Einkerbungen und Abdrücke entstehen (175).

Nach dem Verfugen wird das Gefäß in die geplante senkrechte Lage gebracht und mit zwei Kissen abgestützt, damit die Modellierarbeit am oberen Teil beginnen kann (176). Die größeren Falten werden mit einem Paddel über die kleineren geklopft (177) und die Lücken mit Ton ausgefüllt (178). Auf diese Weise ebnet Billie Walters auch schmale Nahtstellen ein, während sie andere bestehen läßt.

Genauso können einige zu Taschen geformte Falten noch stärker hervorgehoben, andere wiederum abgemildert werden. Das ist der Augenblick, in dem Billie Walters sorgfältig alle Details in ihrer Beziehung zueinander und zu dem Gefäß als ganzem bedenken muß. Die Falten und Erhebungen sollen wie selbstverständlich aus der Form herauswachsen und gleichzeitig fühlen machen, daß im Inneren eine Kraft am Werk ist, die solche Ausstülpungen herausdrängt.
Sie bilden den Höhepunkt des Ganzen und sind weder Dekor noch Zutat. Von großer Bedeutung sind Anordnung und Gestaltung der Öffnung (179). Sie bilden den Einlaß zum kraftgeladenen Innenraum, und durch diese Öffnung wird Kraft eingesaugt und ausgeströmt.
Abschließend beseitigt Billie Walters alle Spuren, die vom Verfugen der abgeformten Hälften noch sichtbar sind, mit einem Raspelwerkzeug, und manchmal verwendet sie sogar auf dem knochentrockenen Ton Sandpapier. Dabei gibt sie sorgfältig acht, daß die Oberflächentextur nicht mit angegriffen wird und keine Riß- oder Dehnspuren als Zeugen des Formprozesses erhalten bleiben (180).
Billie Walters benutzt selten Glasuren, aber sie schwämmelt Schlicker auf und reibt manchmal Farbkörper ein.

# Susan Wechsler

Susan Wechslers Werk wird charakterisiert durch klare, geometrische Linien, Sinn für Proportion und durch ein architektenähnliches Interesse am Verhältnis der Teile zueinander. Dies hat – wie sie sagt – möglicherweise damit zu tun, daß sie in einer urbanen Umwelt lebt und arbeitet. Trotzdem haben ihre keramischen Stücke durchaus nichts Mechanisches, weil die Plastizität des Tons voll zur Wirkung gebracht wird.

Die Arbeiten der Künstlerin bestehen in erster Linie aus elliptischen, halbkugeligen und röhrenartigen Formen. Häufig kombiniert sie diese Formen miteinander, und sehr oft setzt sie Kontraste durch das Zusammenwirken von glatten und texturierten Oberflächen. Susan Wechsler arbeitet vorwiegend mit Tonplatten, die sie mit dem Plattenroller herstellt.

Immer wieder fasziniert es die Künstlerin, wie einfach sich die Platten auf diese Weise herstellen lassen und wie perfekt und kräftig sie ausfallen. Für die Ellipsenformen preßt sie eine Platte sacht

*181*

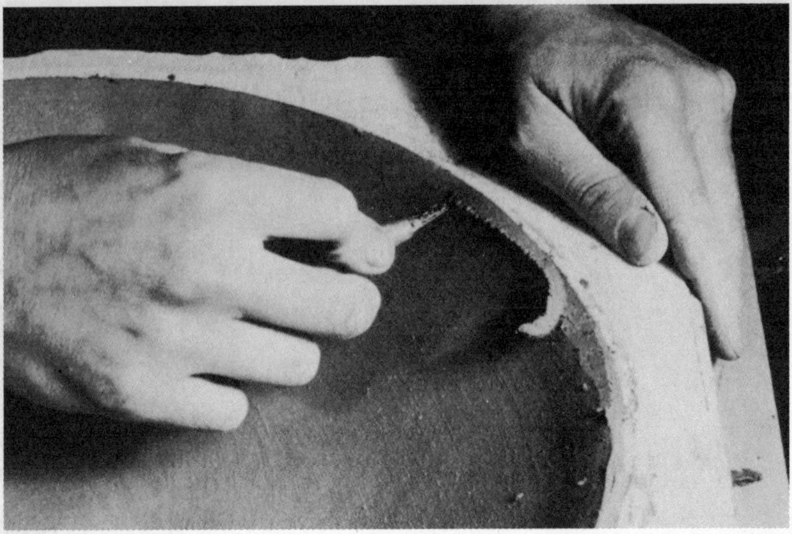

*182*

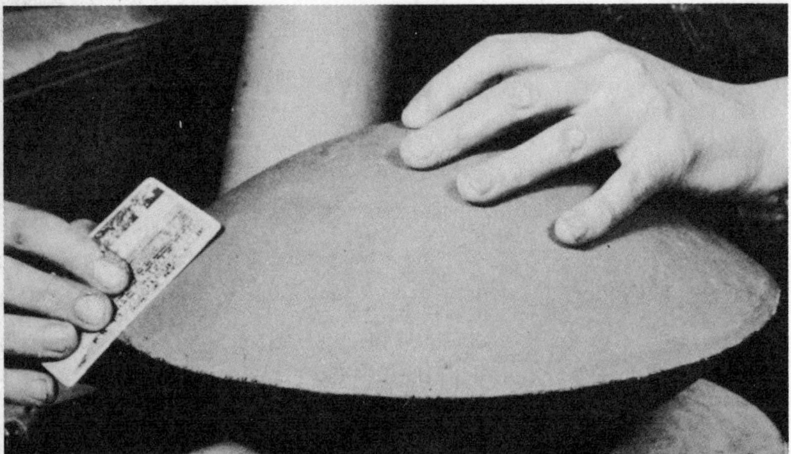

*183*

*184*

in eine Gipsmulde, wobei sie den Ton gleichzeitig mit einem feuchten Schwamm dehnt (181). Zwei solcher Formen werden in lederhartem Zustand zusammengesetzt. Vor dem Verfugen schneidet Susan Wechsler die Ränder schräg zu, um die Kontaktflächen zu vergrößern (182). Die Nahtstellen werden nach dem Zusammensetzen mit einer alten Kreditkarte geglättet. Dieses flexible Plastikkärtchen eignet sich ausgezeichnet zum Glätten der Kanten (183).

Die Röhrenformen stellt Susan Wechsler aus einer Platte freihändig und nach Augenmaß her. Texturen und Muster werden vor dem Rundbiegen auf der flach aufliegenden Platte angebracht (184). Hierbei preßt Susan Wechsler als erstes Kord in die Tonplatte. Auf diese Textur legt sie dann ganz dünne, zu geometrischen Mustern geschnittene Platten und rollt sie mit einem riesigen Rundholz fest. Bei diesem Vorgang findet nicht nur eine Verbindung beider Tonplatten statt, sondern die geschnittenen Muster erfahren auch leichte Änderungen in Größe und Form. Zur weiteren Auflockerung der Strenge ihrer Arbeiten unterbricht Susan Wechsler manchmal das Muster, indem sie Ton auf einer kleinen Fläche entlang einer Rille eindrückt und mit einem leichteren Rollholz abflacht.

Beim Rundbiegen der Platte zu einer Röhre ändern sich die Muster noch einmal (185). Die applizierten Tonplatten dehnen sich in zarter Weise, und die Zwischenräume werden größer.

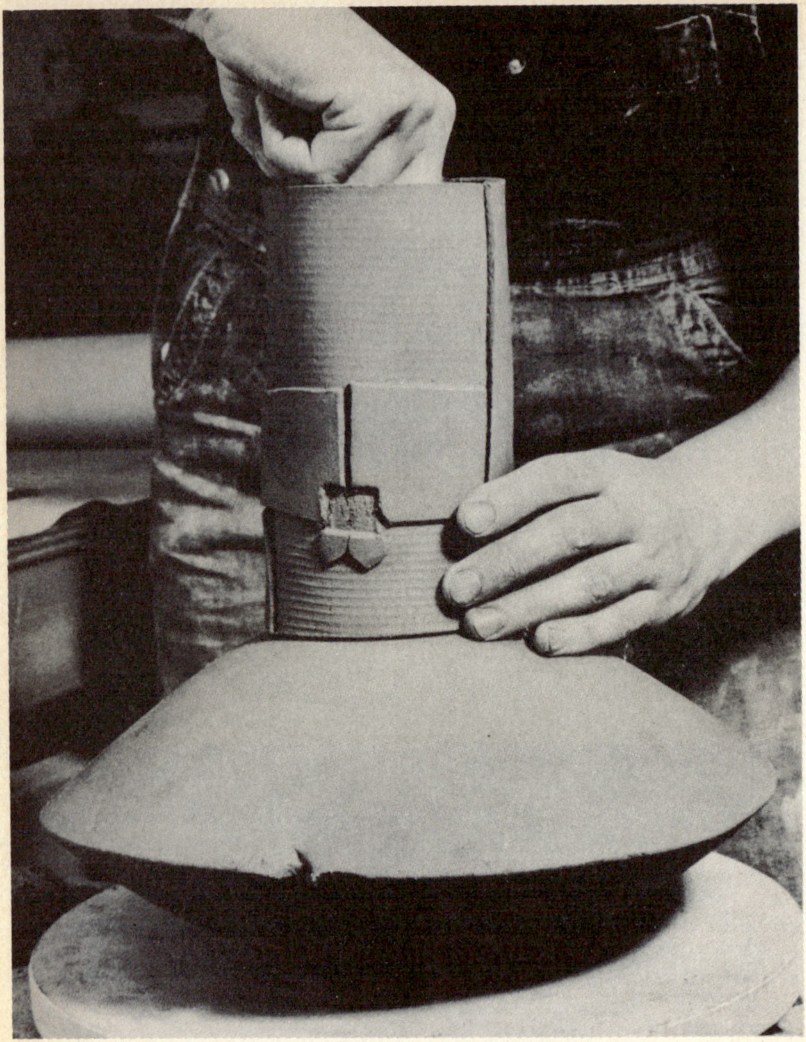

*186*

185

Ihre Vorliebe für geometrische Formen und architektonische Entwürfe vereinen sich bei der Künstlerin mit dem Gespür für das Wesen der Plastizität des Tons und seiner Reaktionsfreudigkeit; ihre ausdrucksvollen Keramiken mit den kühlen, klaren Linien sind das Ergebnis solch eines Zusammenwirkens. Beim Verbinden einer Röhrenform mit einer elliptischen schneidet Susan Wechsler die Ellipsenform in der Mitte aus und

187

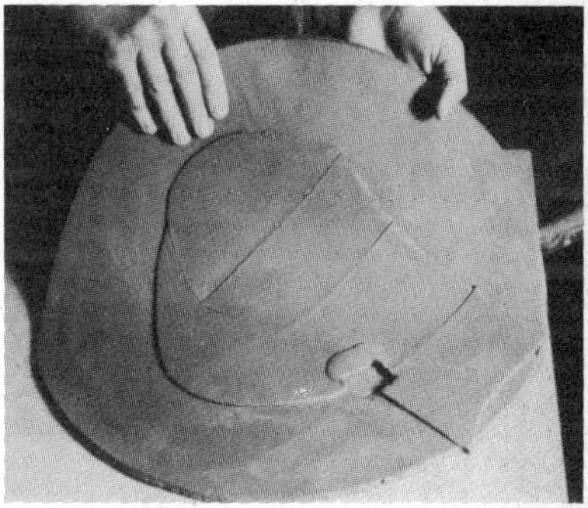

Diese subtilen Wandlungen rühren von der Plastizität des Tons her und bilden meiner Meinung nach den Schlüssel für die Vitalität in Susan Wechslers Werk.

188

verfugt beide Stücke nur an der Innenseite (186).
Ihre elliptischen Deckelformen stellt Susan Wechsler in ähnlicher Weise her. Sie appliziert auf eine Tonplatte ein Muster (187) und preßt sie in eine Gipsmulde mit dem »Gesicht« nach unten. Auch hier plant Susan Wechsler die leichten Musterverschiebungen beim Einpressen mit ein. Im lederharten Zustand wird die gemusterte Form mit einer gleichen, jedoch ungemusterten Form verbunden und verfugt. Daraufhin kommt der Deckelschnitt, entlang der aufgelegten Plattenteile, und ein Stück Ton wird als Henkel formgerecht angesetzt (188). Der Deckel wird im schrägen Winkel herausgeschnitten, so daß die schrägen Kanten des Gefäßes dem Deckelteil einen Halt bieten.
Im Charakter von Susan Wechslers Werk spiegelt sich ihre Arbeitsmethode deutlich wider. Sie plant sorgfältig die Struktur eines jeden Stückes durch, und die Größe der Platten ermittelt sie manchmal mit mathematischen Hilfsmitteln. Sie hält sich genau an die Abmessungen und schneidet die Plattenteile erst nach gründlichem Messen und Aufzeichnen aus. Derart gebaute Formen können sehr leicht mechanisch und steif wirken.
Das überwindet Susan Wechsler mit ihrem ausgezeichneten Materialverständnis, insbesondere mit ihrem Gefühl für eine Grundeigenschaft des Tons, für seine Plastizität, die sie voll in die Waagschale wirft. Durch Raku-Brennen (mit Sägemehl) wird den Keramiken eine weitere individuelle Note gegeben, und das Fließende, Kühne der Linienführung tritt noch stärker hervor.

# Paula Winokur

Paula Winokur vereinigt in ihrem Werk das Funktionale mit dem Skulpturalen. Bei ihren skulpturalen Behälterformen gelingt ihr diese Verbindung zum Teil recht erfolgreich. Die Behälter geben den Skulpturen Volumen und Selbstbehauptung, und die skulpturalen Aspekte der Formen sorgen wiederum für die Belebung und Attraktion der Behälter; die Qualität des Porzellans jedoch breitet über das Ganze einen Hauch von Kostbarkeit und Sinnlichkeit.
Vom technischen Gesichtspunkt aus zeugen die Dosen und Behälter von einer komplexen Handhabung vermischter Techniken. Paula Winokur benutzt zahlreiche Methoden: Die Formen sind entweder aus Platten gebaut, oder sie stammen aus dem Extruder; gelegentlich kombiniert die

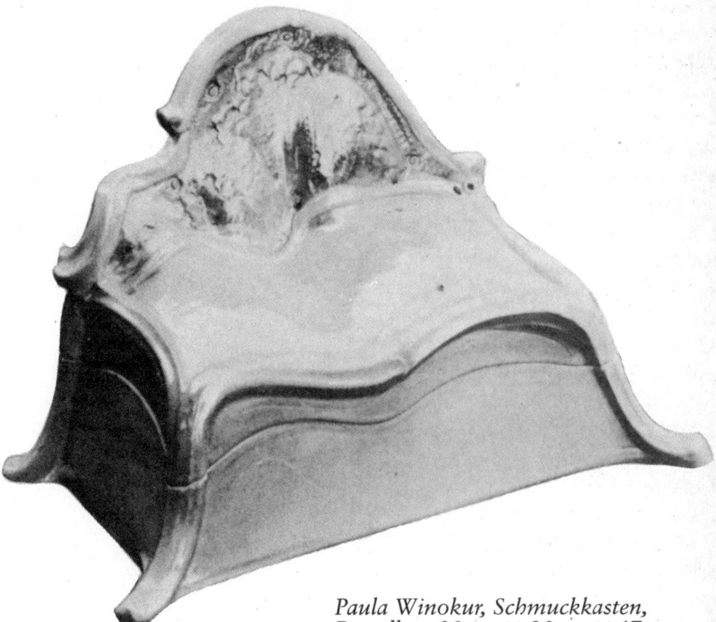

*Paula Winokur, Schmuckkasten, Porzellan. 30 cm × 30 cm × 17 cm*

Künstlerin diese beiden Techniken miteinander.
Der Formprozeß gliedert sich in drei verschiedene Stadien: Vorbereitung der Teile (189 bis 193); Zusammensetzen der Teile (194 bis 197); und Verfeinern und Bereichern der Oberfläche (198).

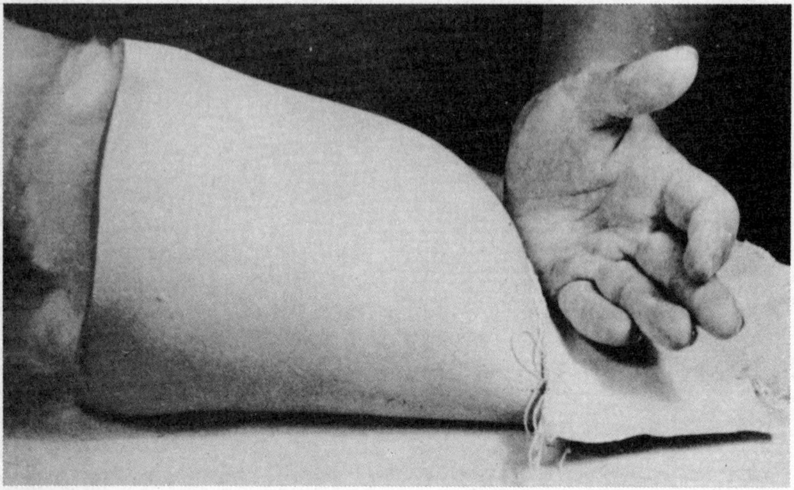

*189 + 190*

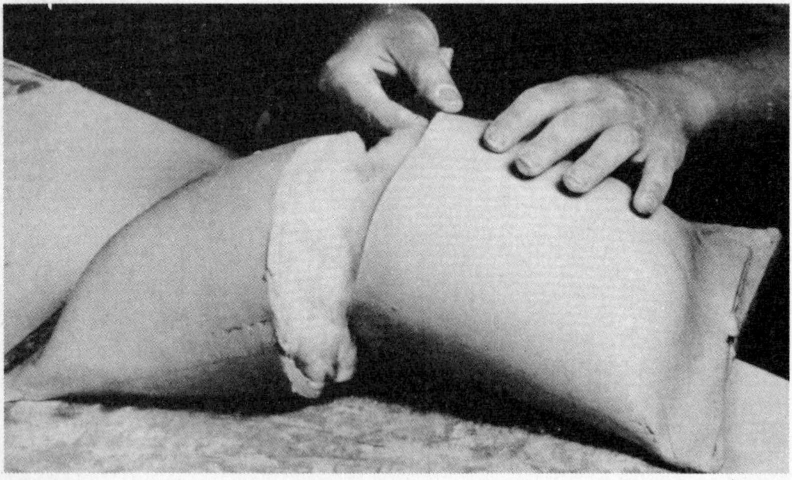

Für die Behälter des hier abgebildeten Stückes preßt Paula Winokur zwei kurze Zylinder aus dem Extruder, quetscht sie an einem Ende zusammen und füllt sie mit *Dracon* (189, 190), so daß sie bis zum lederharten Zustand ihre Form halten können. Für die Seitenteile werden Platten durch Zusammenfalten und Hochdrücken gewellt (191) und an den Extruderteilen befestigt. In die Oberfläche der Platten für den senkrechten Teil wurde Spitze eingepreßt (192, 193). (Die Platten stellt Paula Winokur mit dem Plattenroller her.)

Alle Teile dürfen nun ruhen und trocknen, bis sie lederhart sind; dann werden sie zusammengebaut. Eine der Extruderformen erhält einen Plattenverschluß, an dem die andere Extruderform befestigt wird (194, 195). Diese inwendige Platte dient als vertikale Stütze, damit die Röhrenform sich nicht senkt, teilt aber gleichzeitig den Behälter in zwei getrennte Hohlräume. Die Seitenteile (196) wie auch die vertikalen Stücke werden nun mit den Extruderformen verbunden und eingearbeitet (197). Aus strukturellen Gründen bestehen die vertikalen Teile immer aus doppelwandigen Stücken oder flachen Kästen, die aus lederharten Platten zusammengebaut werden.

Beim Zusammensetzen kerbt Paula Winokur den Ton ein und fügt freigiebig Wasser hinzu. Gewöhnlich benutzt sie auch in Wasser gestippte Tonwülste zur Verstärkung der Fugen und zum Ausfüllen von Lücken.

*191*

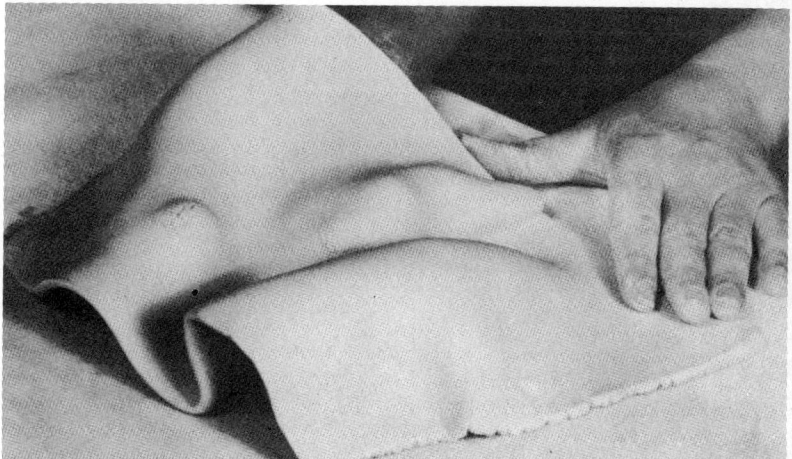

*192*

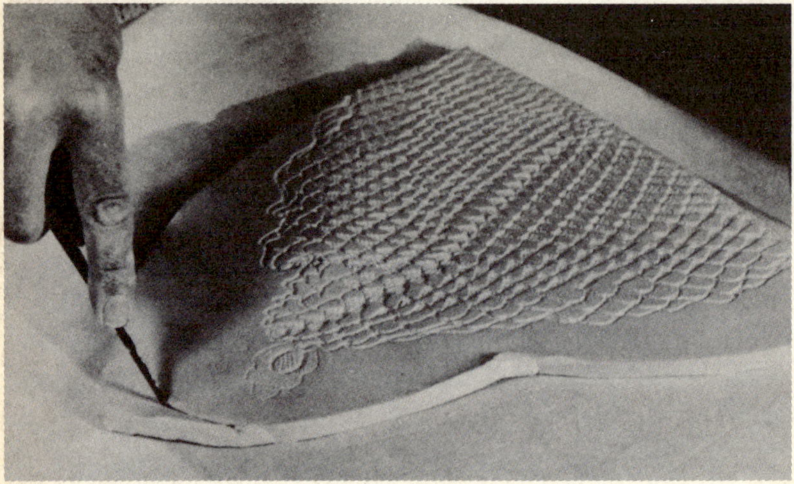

*193*

Es ist interessant, daß Paula Winokur weder die Nahtstellen noch die Form selbst mit dem Paddel bearbeitet; vielmehr reibt sie die entsprechenden Stellen mit den Fingern oder mit der ganzen Hand über einem Tuch (189, 196).

Während der Zusammensetzphase ordnet Paula Winokur die

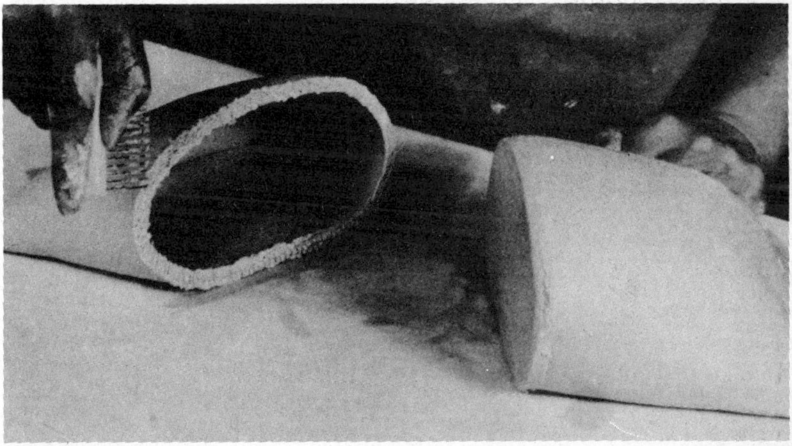

*194 + 195*

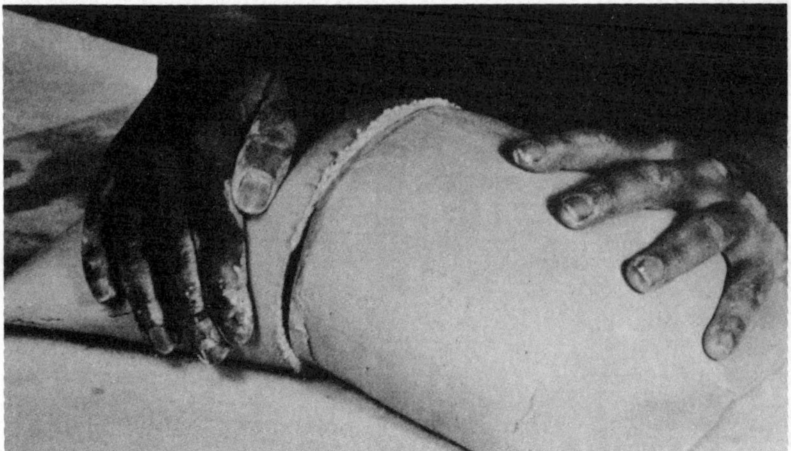

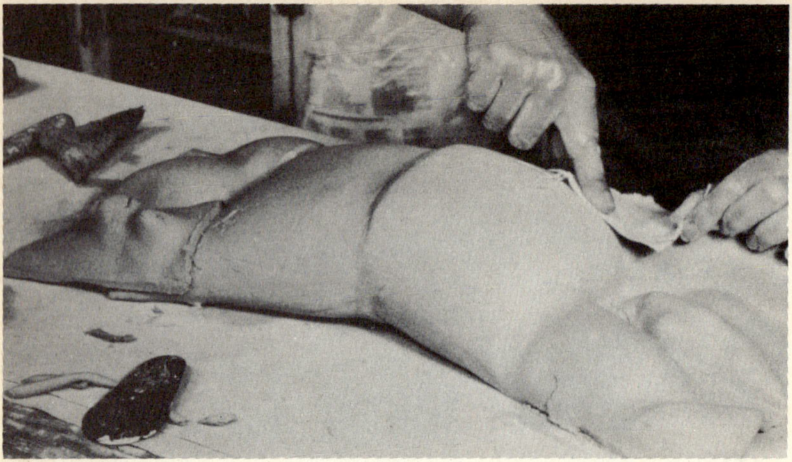

196

197

Formen einander zu, sucht nach dem richtigen Verhältnis der Teile zueinander und arbeitet die fließenden Linien von Form zu Form aus. Meist tauchen Themen aus ihrer Umgebung auf, zum Beispiel die sanfte Hügellandschaft von Ost-Pennsylvania.

Nach dem Zusammensetzen verwendet Paula Winokur eine Menge Zeit auf die Gestaltung der Oberfläche; sie modelliert auf die Formen Ton – in Wülsten oder Häufchen –, sie bringt Zeichnungen an und verbessert die Kanten (198). Diese Oberflächenbereicherung wirkt aber nie aufgesetzt, da sie immer in die Tiefe dringt und sich mit der Form verbindet; sie betont die Form und gibt ihr kraftvollen Ausdruck. Diese besondere, auf die Form bezogene Oberflächengestaltung und die Einheit, die daraus erwächst, ziehen sich als Hauptthema durch das Werk von Paula Winokur. Hier kann sie auch die Eigenschaften des Porzellans voll zur Geltung bringen. Die sanfte, glatte Oberfläche läßt jede einzelne Facette, jedes De-

*198*

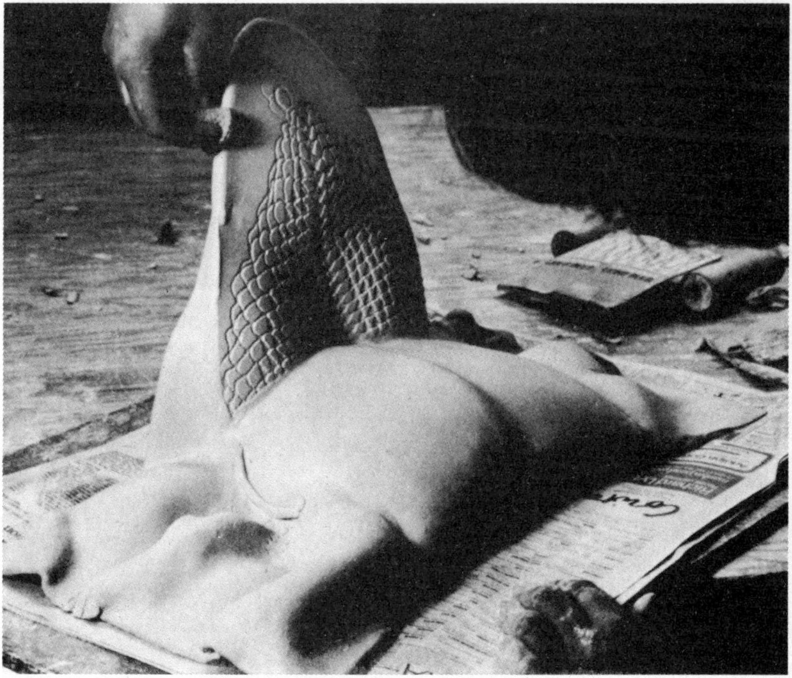

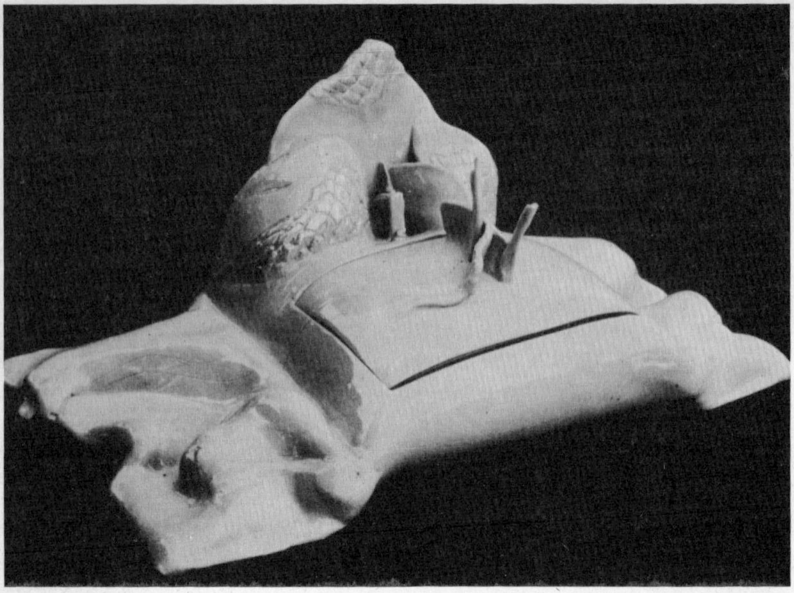

*Paula Winokur, White Landscape (Weiße Landschaft), Doppeldose, Porzellan. 25 cm × 35 cm × 17 cm*

tail klar herauskommen; gleichzeitig entstehen auf diese Weise starke Kontraste.

Da Paula Winokur alle Formen als geschlossene Teile behandelt, besteht der nächste Schritt im Öffnen der Behälter. Aus den Extruderformen werden Deckel ausgeschnitten, und zwar geht der Schnitt entlang der bei der Oberflächenbereicherung aufgezeichneten Linien; die Deckelknöpfe ergeben sich aus dem aufmodellierten Ton.

Bei diesen komplizierten Herstellungstechniken arbeitet die Künstlerin voll mit der Bildsamkeit des plastischen Tons einerseits und mit der strukturellen Kraft des lederharten Tons andererseits; die eine Eigenschaft des Tons erlaubt ausgiebiges Modellieren, die andere ein kühnes Zusammensetzen der Einzelteile.

Ein weiterer wichtiger Aspekt der künstlerischen Arbeiten von Paula Winokur besteht im Zusammenwirken von skulpturaler Form und reicher Oberflächengestaltung. Landschaftsmotive und eine barocke Entfaltung der Details bilden hier mit der Form ein geschlossenes Ganzes.

# Elsbeth S. Woody

Um die engen räumlichen Grenzen meiner Werkstatt zu sprengen und um große Stücke fürs Freie gestalten zu können, habe ich ein System entwickelt, bei dem ich mit Vielfachteilen arbeite. Ich entdeckte, daß beim Zuordnen gleicher, möglichst einfach gehaltener Einzelstücke der Raum zwischen ihnen die eigentliche Form ausmacht; mit anderen Worten: Das Ganze unterscheidet sich wesentlich von der Summe seiner Teile.

Die Idee von der Verwendung von lauter gleichen Teilen ist bestimmt nicht neu, aber – soviel ich weiß – wird sie selten von Keramikern angewandt; es sei denn, die Einzelteile stammen aus Gipsmulden. Bei mir wird jedes Teil individuell aufgebaut; einerseits ist mir die Muldentechnik nicht so vertraut, andererseits bringen meine aufgebauten Teile nicht alle das exakt gleiche Maß. Ich bin nämlich zu der Überzeugung gelangt, daß leichte Abweichungen bei den Einzelformen meinen Arbeiten organische Züge verleihen, die man bei Skulpturen aus mechanisch angefertigten Teilen vermißt.

Die Gestaltung der Einzelelemente ist relativ einfach. Zur Zeit gilt mein Hauptinteresse ovalen Röhrenformen, die ich in der erweiterten Quetschmethode herstelle. Ich möchte hier die Herstellung zweier Abwandlungen dieser ovalen Röhrenformen darstellen – die L-Form und die Schlinge.

Für die L-Form benutze ich die *Purzelbaum*-Methode, was bedeuten soll, daß jedes Stück während der Herstellung drei Stadien durchlaufen muß, wobei es sich zweimal »überschlägt«.

Als erstes baue ich einen aufrecht stehenden Zylinder mit dem Ansatz zu einer Kurve auf (199).

Dann lege ich diesen Zylinder mit der Biegung nach oben zeigend hin (200); der Rest der Kurve und der horizontale Balken des L werden nun in vertikaler Position fertig gebaut (201). Als letztes drehe ich die Form noch einmal, so daß der eben fertiggestellte Teil in die geplante, horizontale Lage kommt. Der im ersten Stadium aufgebaute Zylinder steht jetzt wieder vertikal, aber auf dem Kopf (202). Dieses Stück schneide ich ab und ersetze es durch einen neu aufgebauten Teil (203). Die Doppeldrehung ist notwendig, damit weder die eine noch die andere Öffnung flach bleibt.

Nun zu den Details der L-Form-

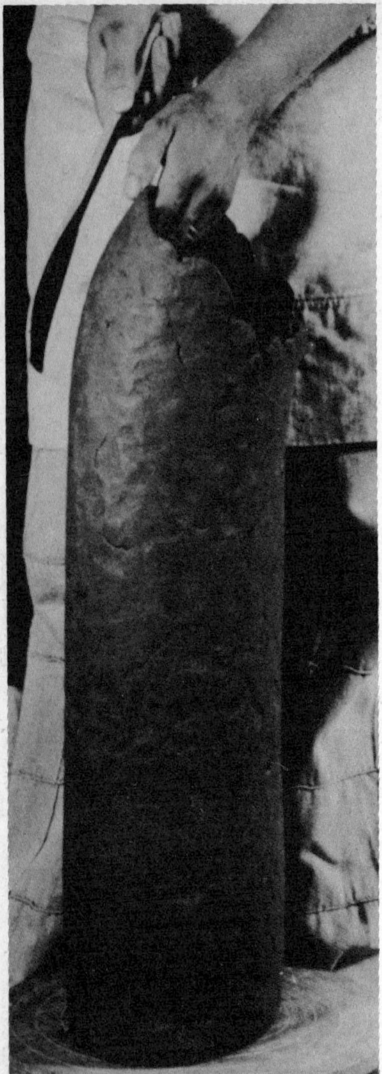

*199*

Herstellung. Die Höhe des Zylinders, den ich im ersten Stadium aufbaue, hängt von der Länge des horizontalen Balkens der fertigen L-Form ab. Je länger der Balken, desto höher muß der Zylinder sein, damit im zweiten Arbeitsstadium das Gleichgewicht erhalten bleibt; aus demselben Grund gebe ich diesem Teil auch besondere Schwere. Den Zylinder baue ich nie unter Zweidrittelhöhe der Länge des horizontalen Balkens auf.

Im zweiten Stadium lege ich das Stück hin, nachdem es mit Ausnahme der Biegung durch und durch lederhart geworden ist. Die eigentliche Kurve wird dann in Abschnitten fertiggestellt und der später horizontale Balken in vertikaler Stellung ebenfalls. Während man den vertikalen Teil aufbaut, muß die Kurve mit Ton abgestützt werden (201). Selbstverständlich soll das Stück an dieser Stelle lederhart sein, sonst drücken sich die Stützen ein. Ich benutze häufig eine Wasserwaage, um mich zu vergewissern, daß meine Röhrenform auch wirklich in der Senkrechten bleibt.

Es geht mir beim Aufbauen hier nicht um eine perfekte Röhre, sondern ich forme beide L-Balken leicht trompetenförmig, indem ich den Durchmesser ganz langsam vergrößere. Auf diese Weise steuere ich auch dem Flachwerden während des Brandes entgegen und dem entspre-

200 + 201

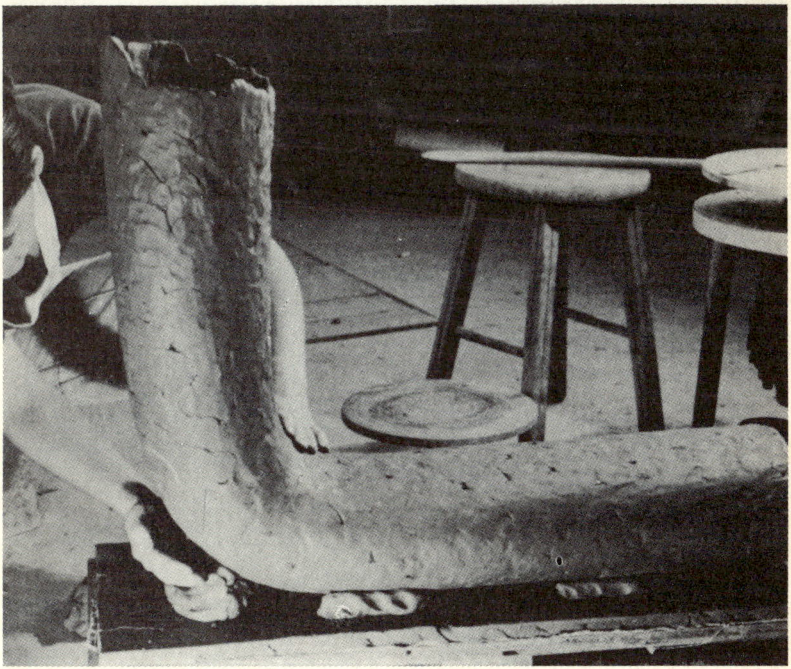

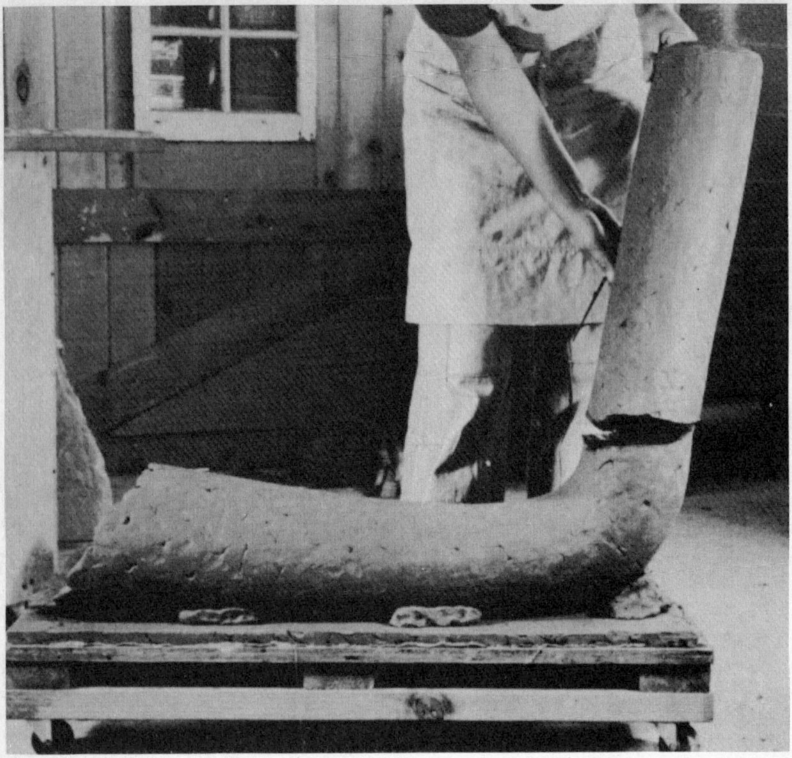

202

chenden Anwachsen des Durchmessers in der falschen Richtung. Aus demselben Grund setze ich in der Biegung in einem Abstand von 12 cm bis 20 cm halbkreisförmige Stützen ein (204).
Im dritten Stadium – beim Überkippen des Stückes – ist ganz besondere Vorsicht angebracht, wenn auch der Ton inzwischen lederhart geworden ist. Ich richte es so ein, daß meine Tonstützen sich in Reichweite befinden, und wenn eben möglich, bitte ich jemanden um Hilfe.
Nach dem Umdrehen wird der nunmehr vertikale Teil (es handelt sich dabei um den im ersten Stadium aufgebauten Zylinder) direkt über der Kurve angeschnitten (202). Ich mache das aus verschiedenen Gründen: Der ursprüngliche Zylinder wird besonders dick aufgebaut, um den anderen L-Balken im Gleichgewicht zu halten; außerdem hat

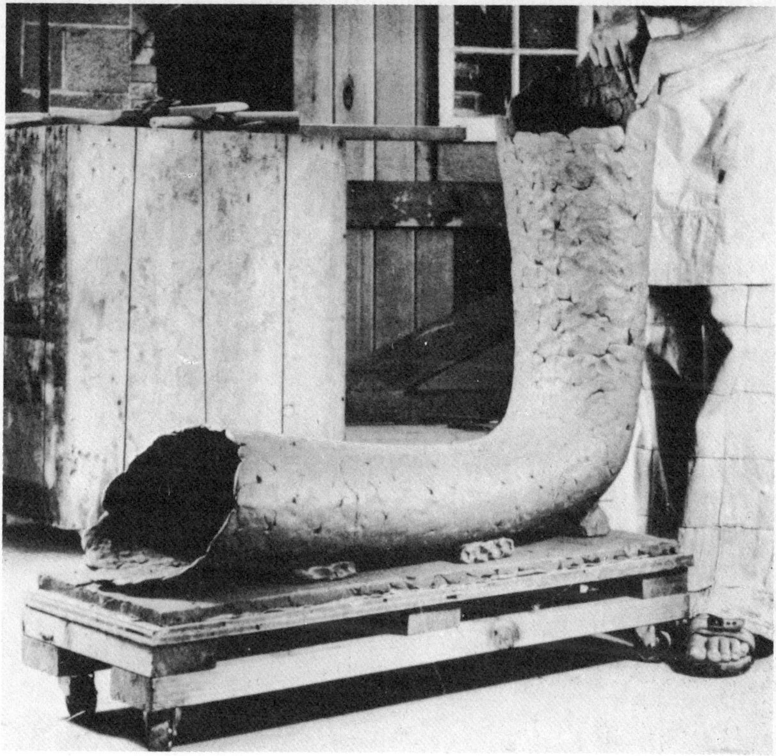

*203*

die Form meist gelitten, und der Ton ist zum Weiterbauen schon viel zu fest; es besteht ein zu großer Konsistenzunterschied zwischen dem Ton des ehemaligen Bodens und dem plastischen Ton, den ich hinzufügen muß, wenn ich dem Rand bestimmte Schwingungen geben will.
Durch das Abschneiden des Zylinders habe ich auch die Möglichkeit, den Kurventeil neu aufzuweichen und direkt in der Kurve an der Innenwand der Röhre Stützen anzubringen, falls ich den vertikalen Balken besonders hoch plane (204). Auch hier prüfe ich den Winkel des Balkens oft mit der Wasserwaage.
Bei der zweiten Variation der ovalen Röhrenform handelt es sich um die Schlingenform (205). Hierfür stelle ich zwei Säulen (206) im genauen Abstand auf eine Tonplatte. Beidseitig arbeite ich mit Hilfe einer Maurerscha-

204

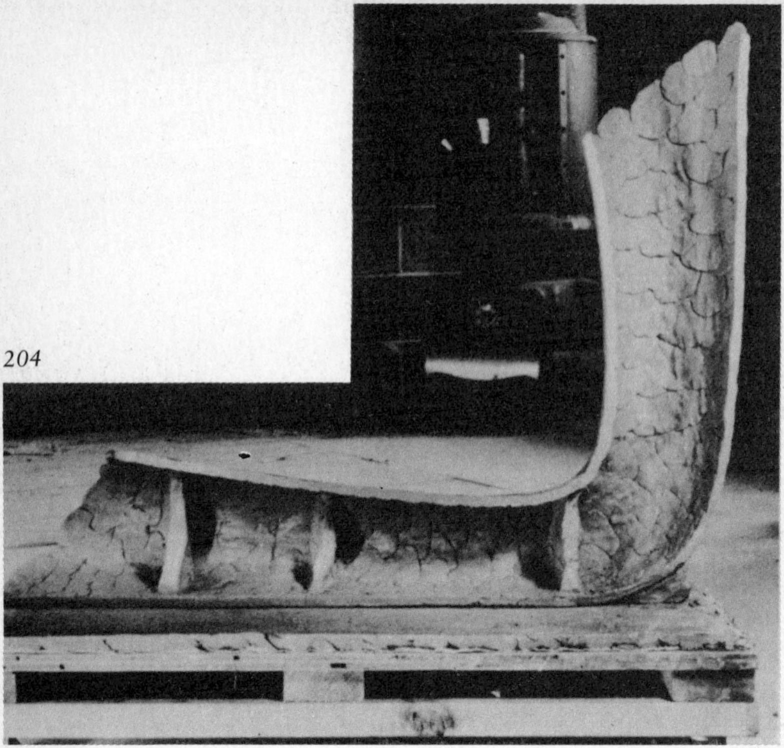

blone die Formen im Bogen aufeinander zu. Die Schablone dient mir dabei jedoch nur als ungefährer Anhaltspunkt.

Da gerade dieser Arbeitsabschnitt in zahlreichen Etappen stattfinden muß, ändert sich das Verhältnis von Schablone und Ton, sobald dieser schwindet.

Wenn die beiden Seiten aufeinandertreffen, verbinde ich sie durch überlappendes Quetschen, wobei ich oben einen kleinen angequetschten Tonfladen über den anderen schiebe (207) und bei der nächsten Reihe den gleichen Prozeß umgekehrt wiederhole. Zusätzlich sorge ich an dieser Stelle für eine kleine Erhebung, einerseits wegen der Schwindung, andererseits damit keine Beulen oder flache Stellen im Rundbogen entstehen. Dieser Buckel ist sehr leicht im lederharten Zustand mit dem Paddel wegzuklopfen.

Die Schlinge mit horizontaler Verlängerung (205) entsteht aus

*205*

einer Kombination der L-Form mit der Schlingenform. Man baut dafür einen geraden Zylinder und eine L-Form, plaziert sie in der gleichen Weise wie die beiden vertikalen Säulen für die Schlinge und verbindet sie.

Ich benutze für alle meine Formen die erweiterte Quetschmethode und arbeite immer in zahlreichen Etappen, insbesondere bei den Kurvenpartien. Wenn ich einen Abschnitt aufgebaut habe, decke ich die Oberkante wieder ab, und sobald der Ton lederhart geworden ist, verfeinere ich Oberfläche und Form mit dem Paddel, bevor die Arbeit weitergeht.

Fast alle Stücke baue ich auf Tonplatten auf. Ich möchte sichergehen, daß die Stützen während der Schwindung gerade stehen. Auch die Schlingenformen setze ich auf Tonplatten, damit die Säulenböden sich nach innen bewegen können, wenn sich der Bogen oben beim Schwindungsprozeß zusammenzieht. Die Tonplatte lege ich auf eine ca. 2 cm dicke Holzfaserplatte; um jedes Hin- und Herbewegen zu vermeiden, steht alles auf einer »Ameise«, einem Rollwagen (205).

Bei Arbeiten im großen Maßstab ist ein genaues Planen unerläßlich. Ich fertige mir Modelle aus Tonwülsten an, um meine Ideen erst einmal zu entwickeln; später leite ich die Proportionen in etwa aus dem Modell ab. Die genauen Abmessungen stelle ich zum Schluß auf dem Papier dar. Die Rollwagen und Holzunterlagen werden für jedes Stück genau zugeschnitten. Das gibt mir die Möglichkeit, alle Stücke im rich-

tigen Verhältnis wie geplant anzuordnen, ohne daß die Formen vom Rollwagen abgehoben werden müssen (205).
Sorgfältiges Messen, Benutzen der Wasserwaage und die gelegentliche Zuhilfenahme einer Maurerschablone ermöglichen eine ziemlich genaue Vervielfachung ein und derselben Form. Was mir dabei jedoch am wichtigsten erscheint, ist ein kontinuierliches Arbeiten. Man erlangt einen bestimmten Rhythmus, der mehr oder weniger alles Messen überflüssig macht.

*206*

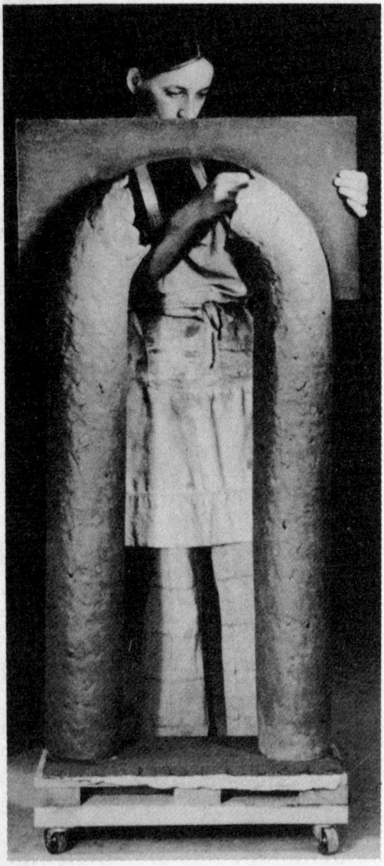

Wenn alle Stücke fertig und knochentrocken sind, werden sie mit den Holzunterlagen in den Ofen gebracht. Dabei leistet mir mein Herdwagenofen große Dienste. Ich kann den Wagen über einen Graben bis an mein Studio rollen, was das Einsetzen eines Brandes wesentlich erleichtert (208).
Nur 5 cm der Holzplatten brennen weg. Der Rest verglüht zu Holzkohle, weil die daraufliegenden Tonplatten den direkten Luftzutritt verhindern. Aus diesem Grund bewegt sich das Brenngut auch nicht, und es besteht keine Gefahr, daß ein hohes Stück umkippt.
Auch die Installation gehört zur großformatigen keramischen Arbeit; dabei geht es nicht nur um die Sicherheit des Stückes, sondern auch um die Sicherheit des Betrachters. Die notwendigen Maßnahmen variieren von Typ zu Typ, sowohl im Freien wie in Innenräumen. In jedem Fall sorge ich dafür, daß in jeder Röhrenform eine Stange angebracht wird, die ein Umkippen unmöglich macht. Draußen wird die Stange in der Erde verankert und bei Ausstellungen im Fußboden.

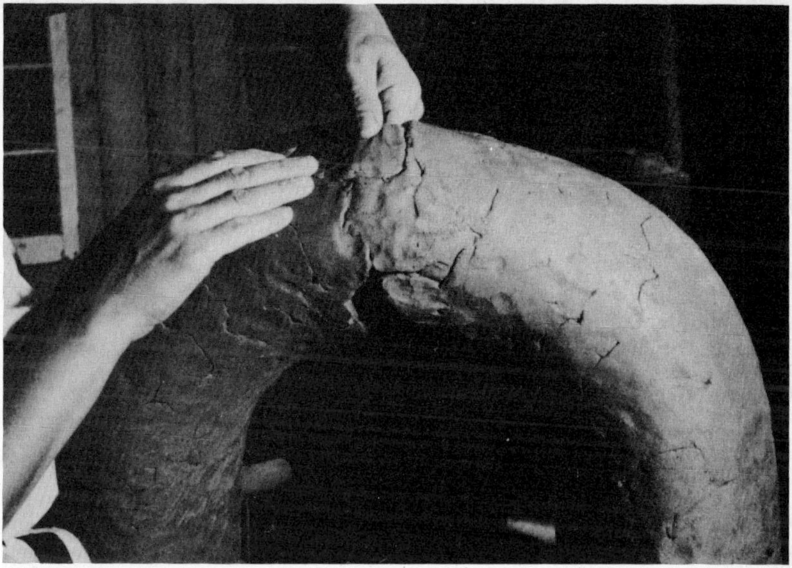

207

208

*Elsbeth S. Woody, Long L's I.*
*(Lange L-Formen I)*
*Unglasiertes Steinzeug.*
*15 cm × 30 cm × 1,20 m*

# Mikhail Zakin

Mikhail Zakins Hauptinteresse gilt – um ihre eigenen Worte zu gebrauchen – »der deutlich ausgeprägten Tonform, die ihre Struktur offen zeigt«. Ihre Stücke sind Ausdruck einer sich wandelnden Form im Augenblick des Wandels. Mikhail Zakin bevorzugt Salzglasuren, oder sie schmaucht ihre Stücke, weil diese Prozesse die Form am klarsten zur Geltung bringen.

Mikhail Zakin befaßt sich nicht mit Methodologie, es geht ihr vielmehr darum, dem Ton verschiedene Reaktionen zu entlokken und zu beobachten, wie sich während der Arbeit mit dem Material und bei der Erforschung der Plastizität Formen ans Licht

*Mikhail Zakin, Metamorphic Form (Metamorphe Form). Salzglasiert. 15 cm × 12 cm × 25 cm*

drängen. Diese »konzeptionelle« Haltung gegenüber dem Ton ist verbunden mit einer geradezu wissenschaftlichen Einstellung hinsichtlich der Lösung von Problemen. Mikhail Zakin schafft sich eine bestimmte Anzahl von Ausgangspunkten und beginnt zu experimentieren, wobei sie traditionelle mit individuellen Techniken kombiniert. Beispielsweise mag sie ein volles Tonstück mit einem 5 zu 10 cm Pflock durchbohren (209), beides zum Strecken mit den Seiten auf den Tisch werfen (210) und anschließend die Flächen mit einem scharfkantigen Brett schlagen. Auf diese Weise erhält sie eine wundervolle Form mit freifließenden Seitenlinien und einer kraftvollen Textur (211).

*209 + 210*

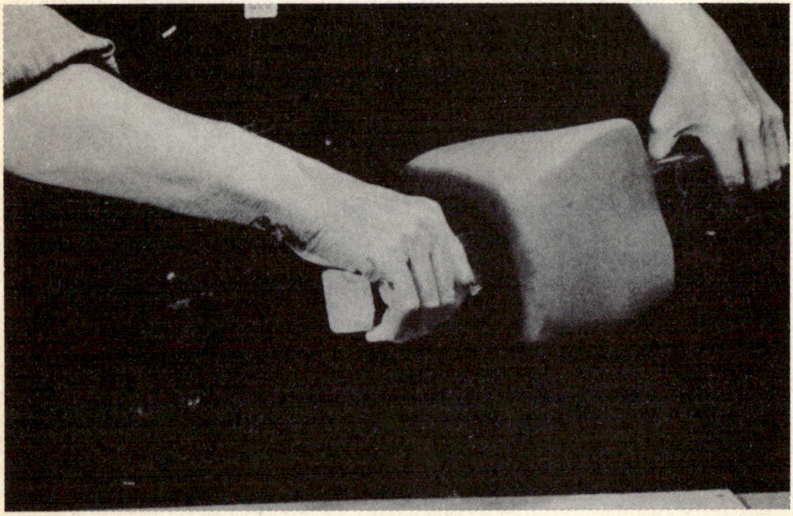

Oder die Künstlerin nimmt eine dicke Lage aus hellem Ton, legt einen Wulst aus dunklem Ton rundum (212) und dehnt das Ganze über einer Buckelform (213). Dieses Mal tritt eine rechteckige Form zutage mit einer schönen Rundung innen, und der Rand zeugt von der Plastizität des Tons. Der dunkle Wulst zieht sich wie ein Band durch die Schale und springt an den Seiten vor (214).

Bei einem anderen Stück geht Mikhail Zakin von einem dicken Wulst aus, formt ihn mit Hilfe eines Rollholzes zu einer schmalen, langen Platte mit seitlichen Kanten, die längsseits in der Mitte auslaufen (215). Die Platte wird dann zu einer Röhre gedreht (216) und rundum gebogen

*211*

*212*

*213*

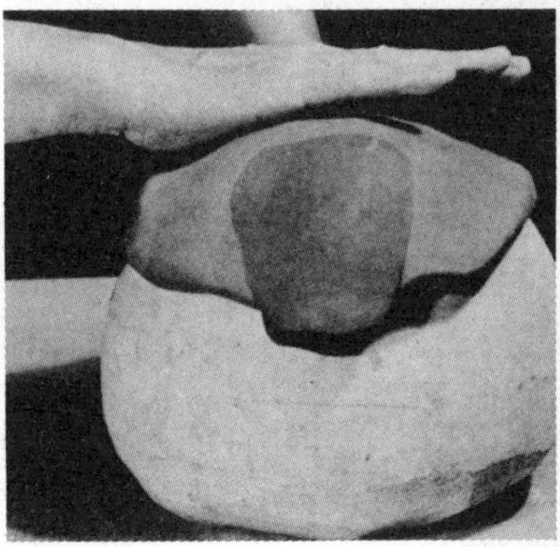

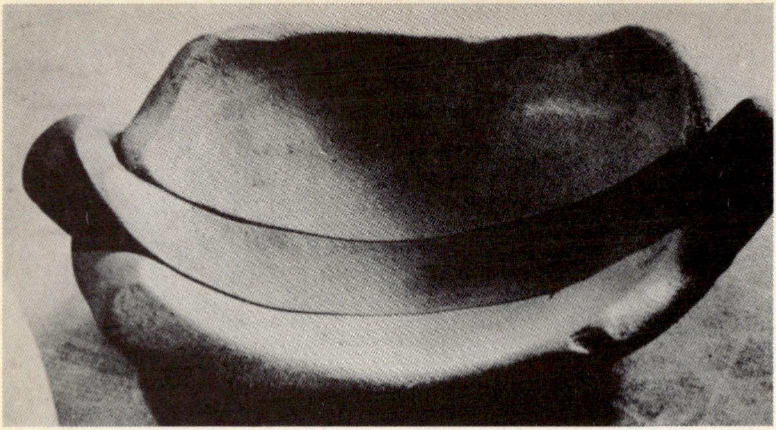

*214 + 215*

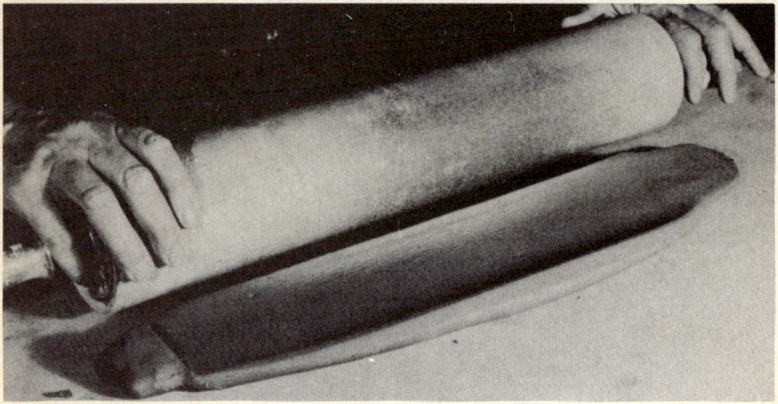

*216*

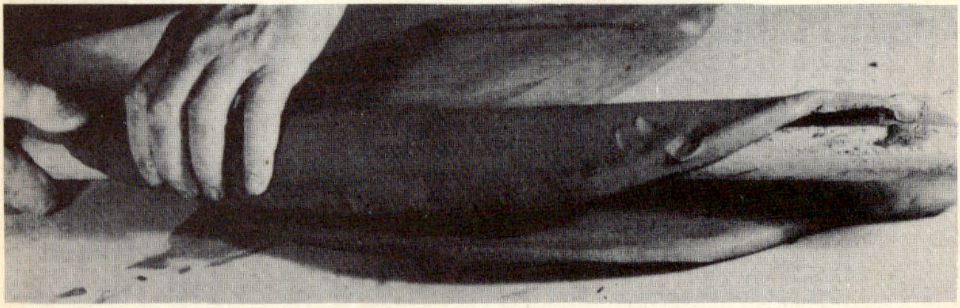

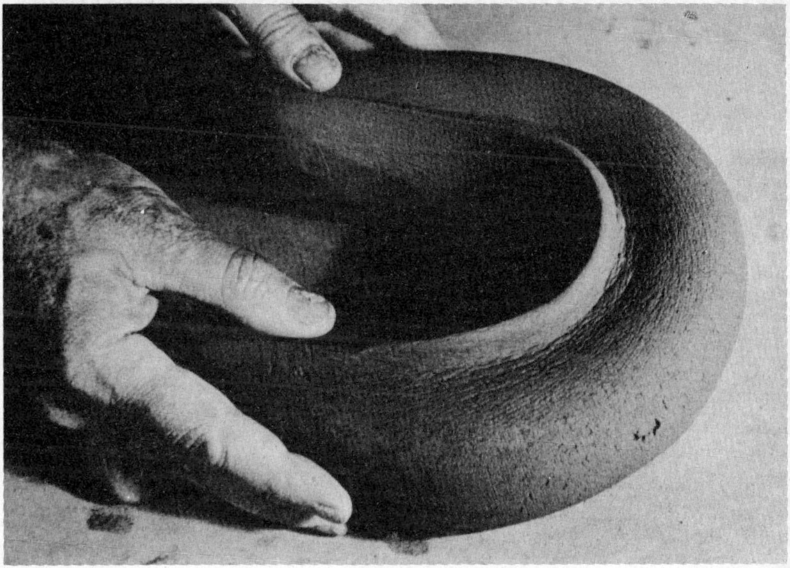

*217*

(217). Dabei preßt sich die Kante wie ein Grat zusammen, während der restliche Ton – die Haut – sich dehnt.
Mikhail Zakins Arbeiten werden nicht nur durch ihre konzeptionelle Haltung gekennzeichnet, sondern auch durch eine meisterhafte Handhabung der verschiedenen Techniken. Dabei schließt Mikhail Zakin traditionelle Methoden nicht aus, und sie benutzt auch die üblichen Techniken. Sie weiß jedoch frei damit umzugehen und läßt sich nicht durch starre Regeln einengen; das erlaubt ihr, mit dem Ton zu experimentieren und neue Wege zu finden, um in diesem Material ihrer Phantasie Ausdruck zu verleihen. Mikhail Zakins Hauptinteresse gilt der expressiven Form und deren Entwicklung während ständigen Dialogisierens mit dem plastischen Ton. Das zieht sich durch ihr gesamtes Werk als künstlerisches Motiv.

# Zusammenfassung

Jedes kreative Bemühen unterliegt zahlreichen Einflüssen. Wir müssen uns hier vor allen Dingen fragen, auf welche Weise und bis zu welchem Ausmaß die Techniken das Werk der einzelnen Künstler und Künstlerinnen bestimmen. Die Antwort wird überall verschieden ausfallen und auch mit den jeweiligen Arbeitsphasen wechseln. Bei manchen steht die Technik an erster Stelle, und das Konzept wächst daraus hervor; bei anderen hängt die Wahl der Technik vom bereits vorhandenen Konzept ab.

Jede Technik birgt Begrenzungen wie auch Entfaltungsmöglichkeiten in sich; mit diesen Fakten geht jeder verschieden um. Durch die Wahl einer Technik – samt ihren spezifischen Einschränkungen und Ausdruckschancen – entscheiden wir auch über unser gestalterisches Verhalten, oder wir werden durch diese Wahl festgelegt.

Ein keramisches Werk ist daher immer Ausdruck des Zusammenwirkens der von uns ausgewählten Technik mit unseren Zielen und künstlerischen Belangen und unserer ästhetischen Überzeugung.

Hier liegt die Ursache für den großen Formenreichtum in der keramischen Kunst. Gleichzeitig läßt sich aus diesem Aspekt auch die Herausforderung für den erfahrenen Keramiker wie für den Anfänger erkennen: Die Integration von Entwurf und Technik in einem Werk, das individuellen Ausdruck möglich macht.

# Anhang

# Tonmassen- und Glasurrezepte

Im folgenden werden die Tonmassen- und Glasurrezepte der einzelnen Keramikkünstler aufgeführt, die im zweiten Teil des Buches »Zehn Möglichkeiten des Aufbauens« zur Darstellung kommen. Man beachte sorgfältig die Schmelztemperaturen von Ton und Glasuren und teste – wie gewöhnlich – alles erst einmal durch, bevor das Lieblingsstück dafür herhalten muß.

**Elaine Katzer**

Weiße Engobe:

| | |
|---|---|
| EPK Kaolin | 25 |
| Ball Clay | 25 |
| Kingman Feldspat | 25 |
| Flint | 25 |

Für Blau fügt man 2% Kobaltoxid hinzu.
Elaine Katzer benutzt vermischtes Eisenchromat mit Wasser zum Bepinseln der Rohware und erzielt damit ein Schwarz; für Gelb nimmt sie mit Wasser vermengtes Rutil.

**Elizabeth MacDonald**

Tonmasse:
Elizabeth MacDonald benutzt einen Ton aus Kalifornien mit der Bezeichnung Sandstone Buff.

Glasur:
Leach Temoku: Kegel 8, Oxidationsbrand

| | |
|---|---|
| Kalifeldspat | 544 |
| Calciumkarbonat | 462 |
| EPK Kaolin | 136 |
| Flint | 658 |
| Rotes Eisenoxid | 211 |

**David Middlebrook**

Tonmassen:
Common Witheware: Kegel 06 (Allgemeine Weißware)

| | |
|---|---|
| Ball Clay | 50 |
| Talkum | 40 |
| Plastic Vitrox | 10 |
| Sand, 0–0,6 mm Korngröße (nach Wahl) | 10 |

White Stoneware: Kegel 6 (Weißes Steinzeug)

| | |
|---|---|
| Lincoln Sixty | 25 |
| Tennessee Ball Clay | 25 |
| EPK Kaolin | 25 |
| Talkum | 25 |
| Sand | 10 |

Sculpture Mix: Kegel 06
(Mischung für Skulpturen)

| | |
|---|---|
| Lincoln Sixty | 60 |
| Tennessee Ball Clay | 40 |
| Talkum | 25 |
| Gemischter Sand (0,85 und 0,6 mm Korngröße) | 10 |
| Gemischte Schamotte (0,85 und 0,6 mm Korngröße) | 10 |

Glasuren:
Für Glasuren in leuchtenden Farben (besonders bei Rot-Gelb- und Orangetönen) mit matten und stumpfen Oberflächentexturen verwendet Middlebrook im allgemeinen fabrikfertige Unterglasuren und trägt sie entweder unter oder über anderen Glasuren auf. Hier einige Beispiele:
Erste Schicht: Eine Mischung aus einer niedrig schmelzenden Mattglasur und ball clay zu gleichen Teilen, vermahlen und dünn aufgesprüht.
Zweite Schicht: Fabrikfertige Unterglasur, übersprüht oder aufgepinselt.

Ein weiteres Beispiel:
Erste Schicht: Fabrikfertige Unterglasur.
Zweite Schicht: Eine Mattglasur, als dünne Auflage übersprüht. Etwas unter der Nenntemperatur eingebrannt, damit die matte Oberfläche gut herauskommt.

Oder:
Erste Schicht: Middlebrooks Cactus Red Glaze (siehe unten).
Zweite Schicht: Fabrikfertige Unterglasur, dünn aufgetragen.

Die folgenden Glasuren können untereinander oder mit Middlebrooks Cactus Red kombiniert werden. Hinzu kommen Variationsmöglichkeiten des verschieden dicken Glasurauftrages und der Brennführung in reduzierender oder oxidierender Atmosphäre, so daß eine große Farbskala zur Verfügung steht.

Orange Green: Kegel 06

| | |
|---|---|
| Bleiweiß | 83,3 |
| Kaolin | 30 |
| Flint | 16 |
| Kaliumdichromat | 10 |
| Zinnoxid (oder Zirkopax) | 5(10) |

Desert Red: Kegel 06

| | |
|---|---|
| Bleiweiß | 92 |
| Natronfeldspat | 11 |
| Bariumkarbonat | 4 |
| Flint | 5 |
| Chromoxid | 6 |

Not-Mellon-Yellow: Kegel 06

| | |
|---|---|
| Bleiweiß | 500 |
| Bentonit | 25 |
| Flint | 25 |
| Magnesium Zirkonsilikat | 100 |
| kalz. Soda | 150 |
| Kaliumdichromat | 25 |

Middlebrooks Cactus Red:
Kegel 06

| | |
|---|---|
| Bleiweiß | 120 |
| Quarz | 7 |
| Kingman Feldspat | 14 |
| Bariumkarbonat | 5 |
| Chromoxid | 7,5 |

Für Krakelee-Effekte:
Erste Schicht: Eine farbige matte, halbglänzende oder glänzende Glasur nach Wahl.
Zweite Schicht: Kiln wash, Duncan's Bark Glaze oder Schlicker in dickem Auftrag.
Dritte Schicht: Fabrikfertige Unterglasur, aufgesprüht.
Die Farbe der dritten aufgetragenen Schicht bestimmt die allgemeine Farbgebung, während die Farbe der ersten Schicht im Krakelee zum Ausdruck kommt. Man muß bedenken, daß die leuchtenden Farben in Middlebrooks Werk zum Teil von dem von ihm bevorzugten weißen Ton abhängen. Außerdem benutzt der Künstler vor dem Glasieren häufig Metalloxide, die er auf das geschrühte Stück mit dem Schwamm aufträgt; dabei ergibt Eisen: Rot-Orangetöne; Kobalt: alle Blautöne; Chrom-Eisen: Grüntöne; Eisen-Rutil: gelbe Farbtöne. Diese Methode verhilft zu einer deutlicheren Texturierung und schafft gute Übergänge von einer zur anderen Fläche.

**Donna Nicholas**

Irdenwareton-Masse

| | |
|---|---|
| Cedar Heights Stoneware | 40 |
| Ball Clay | 30 |
| EPK Kaolin | 10 |
| Talkum | 10 |
| Sand | 10 |
| Bentonit | 2 |

Glasuren:

Alkalische Grundglasur

| | |
|---|---|
| Fritte 3110 | 22 |
| Kalifeldspat | 10,85 |
| Bariumkarbonat | 5,5 |
| EPK Kaolin | 7 |
| Cornwall Stone | 5 |

Für ein intensiveres Weiß füge man 10 % Zirkopax hinzu. Oxidationsbrand im Gasofen bei Kegel 06; im Elektro-Ofen bei Kegel 05.

Weiße Blei-Grundglasur

| | |
|---|---|
| Bleiweiß | 64 |
| Kalifeldspat | 19,4 |
| Bariumkarbonat | 9 |
| EPK Kaolin | 3,8 |
| Cornwall Stone | 3,8 |

Diese Glasur wird als Grundglasur für alle Orange- und Gelbtöne benutzt.
Mit 5 % Rutil erhält man einen warmen weißen Farbton; 2–8 % Kaliumdichromat erzeugt gelbe und orangerote Farbtöne; 4–8 % Nickel für graugrüne Farbtöne; 0,5 % Kobaltoxid + 4 % Nickel ergeben Grüntöne.

Donna Nicholas verwendet auch Hommels Powdered Underglaze und Hommels Glaze Stains; sie mischt ca. 10 % dieser Rohstoffe in die Glasuren zur Abtönung in verschiedenen Farben.

| Farbkörper (über Engobe): | |
|---|---|
| Rotes Eisenoxid | 10 |
| Kupferkarbonat | 5 |
| Borax | etwas |

**Sy Shames**

| Steinzeug-Masse: Kegel 7 | |
|---|---|
| Jordan | 8 |
| Missouri Fire Clay | 6 |
| PBX AP Green | 6 |
| Schamotte | 1 |

| Grundglasur: | |
|---|---|
| Kalifeldspat | 38 |
| Fritte 3417 | 27 |
| Dolomit | 9 |
| Calciumkarbonat | 11,5 |
| Kaolin | 25 |

**Billie Walters**

| Rakuton-Masse (nach Paul Soldner): | |
|---|---|
| Lincoln Fire Clay | 50 |
| Talkum | 20 |
| Schamotte oder Sand | 30 |

| Engobe: | |
|---|---|
| Gerstley Borate | 100 |
| Kaolin | 100 |
| Quarz | 100 |

Die Engobe wird in der Dicke einer normalen Glasurschicht aufgetragen.

**Susan Wechsler**

| Rakuton-Masse: | |
|---|---|
| Fire Clay | 50 |
| Bonding Clay | 20 |
| Ball Clay | 30 |
| Talkum | 10 |
| Wollastonite (C-6) | 10 |
| Mullite, (0–0,5 mm Korngröße) | 15 |
| Schamotte | 10 |

Raku-Glasuren

| Soldners Clear | |
|---|---|
| Gerstley Borate | 80 |
| Nephelin Syenit | 20 |

| Soldners Glassy Red | |
|---|---|
| Gerstley Borate | 80 |
| Borax | 50 |
| Rotes Eisenoxid | 10 |
| Kupferoxid | 5 |

| Piepenbergs Copper Cobalt | |
|---|---|
| Colemanite | 80 |
| Cornwall Stone | 20 |
| Kobaltkarbonat | 1/4 |
| Kupfer | 2 |

| Zimmermans Copper | |
|---|---|
| Fritte 3134 | 45 |
| Gerstley Borate | 40 |
| Flint | 7 |
| Kaolin | 8 |

**Paula Winokur**

| Porzellan-Masse: Kegel 10<br>Reduktionsbrand | |
|---|---|
| Grolleg Clay | 55 |
| Flint | 15 |
| Feldspat (Kaliumkarbonat) | 20 |
| Wollastonite oder Pyrophillite | 5 |
| Molochite Schamotte (0–0,16 mm Korngröße) | 5 |
| Bentonit | 4 |

| Transparentglasur: Kegel 10<br>Reduktionsbrand | |
|---|---|
| Buckingham Spar | 28,5 |
| Ball Clay | 19,5 |
| Calciumkarbonat | 19,5 |
| Quarz | 32,5 |

Für Seladone wird 1% rotes Eisenoxid hinzugefügt.

| Bläulich-weiße Glasur: Kegel 10<br>Reduktionsbrand | |
|---|---|
| Buckingham Spar | 37,4 |
| Calciumkarbonat | 14,7 |
| Holzasche (sehr fein) | 4,5 |
| China Clay | 13,1 |
| Flint | 27,4 |
| Colemanite | 2,9 |

Für Seladone wird 1% rotes Eisenoxid zugefügt. Man siebt es mehrere Male durch ein 0,16 mm-Maschengewebe.

**Elsbeth S. Woody**

| Steinzeug-Masse: Kegel 8<br>Reduktionsbrand | |
|---|---|
| Jordan | 35 |
| Missouri Fire Clay | 35 |
| Flint | 10 |
| Ohio Red Clay | 10 |
| Schamotte | 15 |

**Mikhail Zakin**

| Tonmasse zum Salzglasieren:<br>Kegel 10 | |
|---|---|
| Jordan 50 | 50 |
| Missouri Fire Clay | 50 |
| Ball Clay | 25 |
| F4 Feldspat | 5 |
| Sand | 10 |
| Bentonit | 1,5 |

# Glossar

**Abdrehwerkzeug** – Ein Werkzeug mit Metallschlingen an beiden Enden, das zum Aushöhlen und -schneiden von Ton benutzt werden kann.

**Biskuit- oder Schrühbrand** – Ein Vorbrand für das Glasieren, bei dem die Ware bis kurz vor den Schmelzpunkt erhitzt wird.

**Brennofen** – Geschlossener Behälter zum Brennen von Tonwaren aus feuerfesten Steinen, in verschiedenen Größenausfertigungen, beheizt mit Elektrizität, Gas, Öl oder Holz zu Temperaturen von ca. 800 bis 1260 °C.

**Engobe** – Ein Schlicker aus verschiedenfarbigen Tonsorten, mit dem die Oberfläche der noch nicht völlig trockenen, ungebrannten Stücke bemalt wird.

**Farbkörper** – Metalloxide, mit Wasser vermischt, zum Einfärben von Ton.

**Feuerfest** – Nicht schmelzend.

**Glasur** – Eine Mischung aus mineralischen Rohstoffen, die bei ausreichender Hitze einen glasartigen Überzug auf der Tonform bildet.

**Grüne Ware** – Alle noch ungebrannte Ware.

**Irdenware** – Alle keramische Ware, die um ca. 950 °C gebrannt wird.

**Kegel** – Seger- und Standardkegel, kleine schmale Pyramiden aus keramischem Material, die benutzt werden, um die Hitze im Brennofen zu messen.

**Kneten, Walken** – Bearbeiten des Tons zu einer homogenen Masse.

**Knochentrocken** – Durch und durch lufttrocken.

**Lederhart** – Zustand des Tons zwischen plastisch und knochentrocken.

**Mineral** – Erdige Substanz mit einer feststehenden chemischen Formel.

**Oxidierendes Brennen** – Eine Brennmethode, bei der eine vollständige Verbrennung stattfindet, wie beispielsweise im Elektro-Ofen.

**Plastischer Ton** – Zustand des Tons, in dem dieser nicht mehr an den Händen klebt, sich aber als Wulst noch biegen läßt, ohne Risse zu zeigen.

**Porzellan** – Alle keramische Ware aus weißem Ton, die höher gebrannt wird als 1260 °C.

**Raku** – Brennmethode, bei der das Brenngut in den rotglühenden Ofen gesetzt und gleich wieder herausgenommen wird, sobald die Glasur schmilzt; anschließendes Räuchern (Schmauchen) in einem geschlossenen

Behälter mit leicht brennbarem Material wie Sägemehl oder Kiefernnadeln. Der ganze Brennprozeß kann weniger als eine halbe Stunde dauern und erreicht meistens Irdenwaretemperaturen.

**Reduzierendes Brennen** – Eine Brennmethode, bei der eine unvollständige Verbrennung des Brennmaterials freies Kohlenmonoxid produziert, demzufolge den Metalloxiden in Ton und Glasur der Sauerstoff entzogen wird.

**Salzglasieren** – Eine Brennmethode, bei der Salz in den heißen Ofen geschüttet wird. Die Dämpfe des verbrennenden Salzes verbinden sich mit dem $SiO_2$ der Tonmasse zu einer Glasur auf der Oberfläche des Brenngutes. Salzglasierte Ware gilt als Steinzeug.

**Schamotte** – Gebrannter Ton, vermahlen zu verschiedenen Korngrößen.

**Schmelzpunkt** – Die Brenntemperatur, bei welcher der Ton ausreichend verglast, hart und widerstandsfähig wird und die Glasur ausschmilzt.

**Sägemehl-Brand** – Hier wird das Brenngut in einen Behälter (Metalltrommel) voll Sägemehl gesetzt. Das Sägemehl wird entzündet, und mit der auf diese Weise erzeugten Hitze läuft ein langsamer Brand ab. Die Temperaturen reichen von ca. 550 °C bis zu ca. 850 °C, und die Ware wird durch und durch geräuchert.

**Steinzeug** – Alle keramische Ware, die zwischen ca. 1100 °C und 1260 °C gebrannt wird.

**Stumpf-Aneinander-Fugen** – Eine Verfugungsmethode, bei der die Enden einer Platte stumpf gegen eine andere Platte oder deren Enden gepreßt werden. Auch Wülste lassen sich einer auf dem anderen so verfugen.

**Überlappendes Verfugen** – Eine Verbindung, bei der zwei Tonstücke einander überlappen.

**Verglasung, Sinterung** – Das Schmelzen bestimmter Tonbestandteile und Entstehen einer glasartigen Struktur im Ton.

**Wasser der Plastizität** – Das Wasser zwischen den Tonpartikelchen.

**Wiederaufbereiten** – Aufbereitungsprozeß von Ton, der zum Verarbeiten entweder zu naß oder zu trocken ist; dabei wird der Ton bis zum Zerbröckeln im Wasser eingesumpft, auf Gipsplatten geschüttet und getrocknet, bis er die richtige Konsistenz zum Wiederverarbeiten erreicht.

# Kunsthandwerk

Band 124
Der Anfänger wie der Fortgeschrittene erfährt in diesem Buch alles Wichtige über Batiken: Entstehung und Geschichte – Material – Technik – Anwendung – Pflege.

Band 128
Handbuch für den Hobbytöpfer. Die über 400 Glasur-Rezepte sind nach Brenntemperaturen und Verwendungszweck geordnet. Das Mischen, Einfärben, Auftragen sowie mögliche Fehlerquellen werden erklärt.

Band 137
Eine vollständige Einführung in das alte Handwerk der Porzellanmalerei. Neben der Beschreibung des Arbeitsplatzes und der Malutensilien erhalten Sie viele Anregungen für die Dekorgestaltung.

Band 157
Hier wird Ihnen Schritt für Schritt gezeigt, wie sie anhand überlieferter oder eigener Entwürfe Schränke, Teller oder andere Gegenstände durch Bauernmalerei verschönern können.

**Ravensburger Freizeit-Taschenbücher**

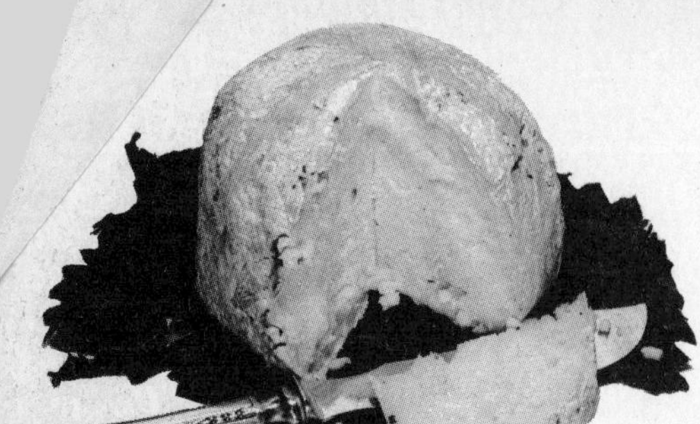

**Selbst-**
**versorgen.**

Wer die Nase rümpft und „Alles Käse!“ sagt. Obwohl ihm Käse nicht völlig Wurst ist. Der könnte ruhig mal versuchen, in Zukunft seinen Käse selbst zu machen.
Wie? Das steht in „Käse machen“ von Christian Glynn. Bon appétit!

Ravensburger ®